JUNSHI JIA DEGUSHI

军事家

的故事

韩玉◎编著

JUNSHIJIA
DEGUSHI

蓝天出版社
Blue Sky Press

图书在版编目(CIP)数据

军事家的故事／韩玉编著．—2版．—北京:蓝天出版社,
2010.8（2012年5月重印）

ISBN 978-7-5094-0441-6

Ⅰ.①军… Ⅱ.①韩… Ⅲ.①故事-作品集-中国-当代
Ⅳ.①I247.8

中国版本图书馆CIP数据核字(2010)第148697号

责任编辑:薛虹
封面设计:古彩艺术设计工作室
插图绘制:文鲁工作室

出版发行:蓝天出版社
社　　址:北京市复兴路14号
邮　　编:100843
电　　话:66983715
经　　销:全国新华书店
印　　刷:北京市业和印务有限公司
开　　本:16开(680mm×960mm)
字　　数:188千字
印　　张:14
印　　数:5000—10000册
版　　次:2011年1月第2版
印　　次:2012年5月第5次印刷

定　　价:28.00元

前　言

人生如虹,世事似锦。

虹的出现,需要符合光学原理,属于自然现象;锦的存在,则既有自然状态下的七色华丽,也有人文精神的光芒普照。二者虚实同根,交相辉映。

人才的成长需要内因和外因的共同作用,犹如彩虹的形成,只有具备了在空中积聚起小水珠的条件,才能经日光照射发生折射和反射作用而拱起那绚丽的英姿;世事是由人类的活动构成的。自人类存在以来,不分种族肤色,世世代代都以勤劳的智慧、英勇无畏的本色,推动着人类的生存和发展,不断创造着物质世界和精神世界,并由此构筑了人类五彩缤纷的文化广宇。

在人类曲折漫长的历史进程中,涌现出了无数的政治家、科学家、军事家、文学家、艺术家、企业家等等耀目如虹的群体。正是因为有了他们的杰出作为和不朽的贡献,人类社会才异彩纷呈、锦绣绵延。

翻开人类的历史,战争与和平交替而进,科学成就和人文精神不断生发与共享。一代又一代后人,无不吸吮着前辈的智慧而获得更高的生存本领,并在传承创新中推动着历史的车轮向前发展。

　　追根溯源，人类的发展壮大须臾离不开学习和创造。无论是学习理论还是学习实践，都离不开前人的智慧结晶，离不开前人为后人留下的人生足迹。从励志的角度上讲，前人所获得的任何一项成就的过程，其本身就是一部精工毕至的教科书，对于立志成为对人类有所贡献的人们来讲，那是取之不尽用之不竭的智慧源泉。

　　部队是人才成长的摇篮。年轻的基层官兵是国家人才库的强大后备力量。为了帮助基层官兵扩大阅读范围，并在阅读中不断增进学习兴趣，为人才成长助一臂之力，我们编辑出版了这本汇集了古今中外各方杰出人才的故事书。希望大家在阅读中心有所悟、学会所得、用有所成。

　　最后，特别提醒读者朋友，书中所用插图大部分与书中文字内容并无关联，目的只是为了调节大家的阅读情绪，在此特作说明。

编者

2011 年 1 月

目　录

第五章

农民出身的苏联元帅朱可夫

第六章

英国海军元帅蒙巴顿

第七章

"中国人民的真诚朋友"史迪威

第一章

"热血豪胆"将军巴顿

◉ 军校骄子

　　1885 年 11 月 11 日,乔治·史密斯·巴顿降生在美国加利福尼亚州南部的雷克维尼亚德。就是他日后成为在第二次世界大战中叱咤风云、威名显赫的"热血豪胆"将军。

　　小巴顿从小就十分看重家族的军人血统,并引以为自豪。在巴顿的祖辈之中,不乏优秀的军人。巴顿的祖籍是苏格兰。小巴顿在美洲大陆上的第一个祖先,不是靠自己奋斗发迹,而是由于爱上了富家小姐,而跻身于上流社会的。

　　当然,要真正追溯巴顿将军的军人血统,理当从他的祖父说起。他的祖父是个顽固的奴隶制维护者,毕业于弗吉尼亚军事学院。当时,正是美国南北战争打得难分难解的动荡时代。他组织了一支号称"卡拉哈来复枪队"的志愿兵部队,加入南部同盟军,抵抗北部的革命军队和方兴未艾的奴隶解放战争。加入南部同盟军后,他参加了骑兵。1864年9月,在第三次温切斯特战役中阵亡。

另外,祖父的几个兄弟也都是弗吉尼亚军事学院的毕业生,全都参加了南部同盟军。

小巴顿的父亲,虽然不是职业军人,但中学毕业后,曾入弗吉尼亚军事学院学习,并担任过高年级的学员副官。军校毕业后,一度留校充任法语教官。1878年,脱离军界,在洛杉矶"格拉塞尔·史密斯和切普曼公司"法律事务所当律师。

1884年,当选为地方检察官。正值风华正茂之际,他娶了当地富豪本杰明·威尔逊的三女儿鲁思·威尔逊为妻。

小巴顿的外公早年是一个拓荒者,经过多年的艰苦创业,终于成为洛杉矶的首富,还当选过洛杉矶市第一任市长,有权有势。

小巴顿的童年时光大多是在外公家秀丽而广阔的牧场度过的。

在牧场里,家人们有时钓鱼,有时划船。而小巴顿最感兴趣的是做军事游戏。他挥舞着父亲为他削制的木剑,高喊着冲锋的口号,俨然是一名久经沙场的勇敢战士。父亲还教他骑马、射击、构筑堡垒。这是巴顿平生最早接受的军事训练。虽然是非正规的和十分幼稚的,但对小巴顿却无疑起到了重要的启蒙作用。

在巴顿12岁那年,父母把他送入斯蒂芬·卡特·克拉克私立学校读书。由于先天患有"阅读失常症",巴顿学习比较吃力,但在父母及家人的加倍爱抚和鼓励之下,他异常刻苦,终于顺利完成学业,并且逐渐养成了坚韧顽强的良好品质。

在各门功课中,巴顿对历史课表现出超常的浓厚兴趣。这首先得益于父亲早先给他讲述过大量生动的历史故事,以及为他诵读过许多经典的历史文学作品。其中许多历史伟人的人格和业绩,使小巴顿无限迷恋和钦羡,常常为之激动得夜不能寐。

中学毕业后,巴顿准备报考闻名遐迩的西点军校,立志当一名职业军官。

西点军校,建立于1802年,全称为美国陆军军官学校。这所学校被称作将军的摇篮,但要跻身西点军校绝不是件轻而易举的事情。按照规定,美利坚合众国总统有权推荐30名学员,国会参议员、众议员和特区代表每人有权推荐1名。

父母深知儿子的远大志向,也看出他是一个可以造就的军人材料。为使巴顿进入西点军校学习,一家人四处寻找门路。首先要解决的问题是找到一位推荐人。父亲找到了加利福尼亚州的共和党参议员托马斯·巴德,申述了种种理由,恳请其提名巴顿。得到的答复是,必须参加竞争考试,择优推荐。

为了能够顺利通过考试,巴顿的父亲决定先送巴顿到其他军校预习一年,打牢基础,然后争取进入西点军校。为此,巴顿于1903年9月来到了世代就读的弗吉尼亚军事学院。

在军校,巴顿时时处处以一名军人的标准严格要求自己,自觉遵守军容风纪和各种规章制度,做到令行禁止、言行一致。与此同时,巴顿集中全副精力刻苦钻研军事知识和各门文化基础课程,在不到半年的时间里,取得长足进步。与同期学员相比,他的学习成绩和各方面的表现均已名列前茅。

1904 年,参议员组织的考试在洛杉矶举行。巴顿以出色的考试成绩证明,他是 12 名竞争者中的佼佼者,成为学院决定推荐的唯一人选。

离入学还有半年的时间,巴顿打算利用这段时间进一步锻炼提高自己。他发愤学习,刻苦锻炼,更加坚定了献身军事事业的理想。

1904 年 6 月,巴顿中断了弗吉尼亚军事学院的学习生活,怀着更高的追求,踌躇满志地来到梦寐以求的西点军校。

西点军校果然名不虚传。这里不仅院内优雅洁净,作风纪律更是严谨规整,充满着正规的军事化气氛。

巴顿的勃勃雄心,在入学不久就受到严峻的考验。

在文化课方面,他缺乏扎实的基础,学习非常吃力,成绩落在同学们的后头。学习上的困难令巴顿烦躁不安,惶惑的阴影一度笼罩心头。他深深感到,这样下去,前途无望,将无颜面对列祖列宗,会玷污家族的血统和荣誉。

巴顿只看重军事课目,尤其偏爱队列训练和战术理论。战术系的教员们对巴顿在战术理论方面的独到见解十分赞赏,认为他具有超出常人的军事天赋和才智,是全系最杰出的人才。

根据训练计划的安排,队列训练每周六进行一次。可巴顿在星期天下午就苦练下一周的课目内容,因此,他的队列动作漂亮利落,堪为表率。经考核名列全班第二,出尽了风头。

然而遗憾的是,巴顿的数学成绩在全班倒数第一。尽管好友戈塞尔斯劝他挤出一点队列训练的时间攻攻数学,但巴顿置之不理。

为此,巴顿终于尝到了苦头。在第一学年结束时,校方决定让他留级,他原来预想在学年末当上下士学员的计划破灭了。

巴顿并没有因此灰心,在暑假期间,在家庭教师的精心辅导下,他系统地温习并掌握了全部功课内容。

功夫不负有心人,勤奋不懈、潜心投入、性格坚强,使巴顿获得巨大成功。

队列训练成绩名列榜首,刷新了几项田径项目纪录,四年级时被任命为学员副官。

学员副官是全体学员的头,是品学兼优的佼佼者。巴顿为此春风得意,心花怒放。无论在阅兵时还是训练中,他都保持着一种昂扬的激情和勃发的姿态,俨然是一位指挥千军万马的将军。

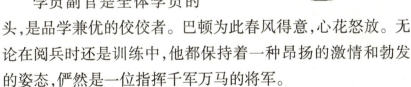

1909年6月,巴顿学业期满,不但各门课程都取得满意的成绩,而且是步枪、手枪的特级射手,剑术和骑术在学校也是绝对一流的。

巴顿对军人职业几乎达到了痴迷的程度。

他在给恋人阿特丽丝的一封信中曾说到,之所以热衷军旅生涯,是因为珍惜传统、喜欢刺激和渴望荣誉。

◉ 崭露头角

临近毕业的巴顿踌躇满志,血气方刚,急切地渴望效命沙场。

在选择兵种的问题上,巴顿最终把深情的目光投向了骑兵。于是他告别培育自己的母校,来到了伊利诺伊州芝加哥附近的谢里登堡,在"骁骑队"任骑兵少尉。

谢里登堡是一处不太起眼的军事哨所,荒凉而冷漠。除了正常的训练和演习之外,军官们大多无所事事。

在这里,巴顿开始了新的生活,他以生气勃勃的工作精神,打破了连队往日的沉寂。一方面,他利用大量的时间继续研读军事理论著作,这使巴顿获益匪浅,不断丰富了知识,提高了军事理论素质。后来,他又把学习研究的体会,撰写成军事学术论文,在美国军事杂志上发表,颇受重视和好评。

同时,巴顿十分注重对士兵的严格训练、严格管理。他经常把士兵们拉到野外进行训练,他的训练方法和果断坚毅的作风,受到上上下下的一致赞赏。

在谢里登堡期间,巴顿的个人生活也是情趣盎然的。闲暇时间,他常常外出郊游,带着猎犬上山打猎,还成为海兰公园富人圈里家宴的座上客。一些富家小姐也钦慕巴顿的风度举止,乐意陪伴他出入歌厅、剧院,各种晚会和舞会。1910 年 6 月,巴顿与未婚妻比·阿特丽丝在这里举行了隆重的婚礼,建立了温馨的小家庭。

时间一长,谢里登堡安稳闲适的生活,使心怀大志的巴顿开始不安分起来,他抱怨自己生不逢时,没有战争,他感到寂寞难耐。几经周折,终于在 1911 年 12 月,调到了首都华盛顿附近弗吉尼亚州的迈尔堡,并且奉命作为陆军参谋长伍德将军的随从副官。

迈尔堡是当时美国陆军参谋部所在地,军界要人云集于此。伦纳德·伍德将军是一位军事改革家,深受陆军部长亨利·史汀生的器重与支持。因此,作为伍德的随从副官,巴顿有缘接近这位部长,进入他的内圈,几乎立时跨进与世隔绝的最高指挥部的顶层。

在迈尔堡,巴顿常常在早上陪伴史汀生骑马漫步,巴顿常向这位显赫的陆军首脑表达自己对军事和战争的看法,给史汀生留下了深刻的印象。这对于今后巴顿的发展起了很重要的作用。

就在这时,1912 年的奥林匹克夏季运动会,为巴顿提供了继西点军校之后第二个出人头地的机遇。这一届斯德哥尔摩奥运会竞赛项目中增加了一个名叫"现代五项全能运动"的军事项目,巴顿以他健壮的体魄和出色的体育技能被选拔到美国陆军代表队。

比赛项目的主要内容是:一名军人携带文件。

1. 骑在马背上,遇到了敌人;2. 他举起手枪射击;3. 拿起剑刺向敌人,得以逃脱;4. 游过一条河流;5. 最后越野跑步抵达终点。

可以说,这些项目都是巴顿的拿手好戏。在比赛场上,他信心十足、顽强拼搏。在剑术较量中,他的剑术成绩最为优异,是所有选手中唯一击败过法国冠军的选手。在游泳比赛中,当他游完300米距离到终点时,不得不用船钩将他从水中捞上来。在4000米越野赛中,他由于筋疲力尽而晕倒在皇家包厢前的终点线上。他的坚韧顽强的拼搏精神,赢得了全场观众的喝彩。

比赛结果,巴顿在43名竞争者中,获得了第五名的好成绩。是这次美国代表队正规军官中表现得最为出色的一个。

回到美国后,巴顿受到英雄般的礼遇,应邀与陆军参谋长伍德将军和陆军部长史汀生将军共进晚餐,使巴顿感到莫大的荣幸。

从此以后,巴顿以极大的兴趣迷恋于马术和剑术。他尽可能地参加华盛顿地区举行的各种马术运动会,其目的之一是培养自己精湛的马术,但更重要的在于利用在公众场合露面的机会,提高自己的知名度。他曾毫不掩饰地对一位朋友说:"我所做的事情在您看来可能像儿童游戏,但是对我的事业却是一种最好的宣传。这样可以引起公众对我的注意,让大家去谈论我。引起别人的注意是许多人功成名就的开端。"

功夫不负有心人,巴顿首先以其对改进骑兵马刀的卓越见地在美国军界崭露头角。

美国骑兵使用的是弧形的弯刀,在战斗中只能用刀刃砍杀敌人;而法国骑兵使用直剑,可以在马上直刺敌人,充分体现了强烈的进攻意识。相比之下,法国骑兵具有更高的效用,因为刺杀能够更快捷地贴近敌人,更有效地实施进攻行动。

巴顿将自己的研究成果整理成一篇学术论文,建议将美军现行的弯刀改为法国式的直剑,并将文章投寄给权威的军事学术杂志《陆海军杂志》,以期引起有关方面的注意和重视。

论文很快发表了,立即引起军界的广泛关注。陆军部长史汀生读到了这篇文章,决定采纳巴顿的建议,指令依照巴顿设计的样式生产两万把军刀,装备骑兵部队。不久,美军骑兵部队官兵就广泛使用了闻名遐迩的"巴顿剑"。巴顿还系统地整理了历史上各国使用的各种剑,专门评述了德意志人、哥萨克人、土耳其人和阿拉伯人使剑的优劣,连篇

累牍地发表论文,成了名副其实的剑术专家。1913 年夏,巴顿希望专门到法国索米尔骑兵学校研习剑术。由于他在这方面的造诣和声望,这一请求得到了上级的批准。

巴顿自费来到索米尔。在一个半月的时间里,巴顿与法国剑术大师克莱里交上了朋友,他们共同切磋技艺,讨论骑兵的训练方法和军刀使用的各种问题。此行使巴顿的剑术理论和技艺进一步趋于精湛和完善。

同年 10 月,巴顿被派往堪萨斯州赖利堡骑兵兵种学校学习,同时兼任剑术教官。在校两年期间,巴顿系统地学习了全部骑兵专业课程,还完成了繁重的教学任务。同时,为骑兵委员会起草了新式直剑的使用条例,编写了陆军赛跑记录。

巴顿被公认为是美国陆军的第一号剑术专家,并第一个获得"剑术大师"的荣誉称号。

1915年6月,巴顿从赖利堡骑兵兵种学校毕业,被分配到原先所在的团队。不久,该团调往菲律宾执行驻守任务。巴顿认为去这个平安无事的岛国无所作为,于是申请调到得克萨斯州布利斯堡的第八骑兵团,驻地与墨西哥接壤,是两国军事冲突的焦点地区。

第二年5月,巴顿跟随约翰·潘兴将军指挥的远征军参加了一次镇压墨西哥农民起义军的作战,这只不过是一次规模不大的遭遇战。

1914年7月,第一次世界大战爆发。美国于1917年4月,加入英法协约国,对德宣战。

潘兴将军受命担任"美国远征军"司令,率部赴法国协同英法联军作战。巴顿作为潘兴的随从副官和司令部的营务主任,同时随军来到了法国。

1917年11月9日,巴顿接受了在马恩河上游的朗格勒附近建立一所坦克训练中心的任务,并以此为基础组建一个坦克营。如果顺利的话,他还可能指挥坦克团或坦克旅,并获得晋升高职的机会。

在当时的情况下,巴顿必须从零开始。为此,巴顿首先到贡比涅法国坦克培训中心学习基本驾驶技术。同时,他还专门拜访了康布雷附近的英军坦克兵,向那里的官兵请教坦克作战经验,为下一步组织坦克训练打下良好的基础。

一个月后,巴顿和其他几名工作人员起程前往朗格勤,开始了训练基地的筹建工作。在坦克和受训人员到达之前,巴顿又很快地走访了英国博文顿坦克学校和法国夏普勤坦克学校。

巴顿对来基地参训的人员进行了严格的训练,要使他们成为一支无坚不摧的钢铁部队,1918年3月下旬,法国捐助的22辆坦克终于运到。巴顿把这些庞然大物一辆一辆地开到了驻地库房,兴奋和劳累把他弄得疲惫不堪。因为所有人员中只有他一人会驾驶坦克,他当时是美国军队中唯一值得自豪的坦克手。

巴顿开始以全部热情和全副精力投入训练工作中。1918年8月,巴顿终于成功地组建了一个初具规模的坦克旅,下辖2个营、3个连,还设有一个直属旅部的修理救护连。巴顿任旅长,计有50名军官、900名士兵和25辆坦克。巴顿的坦克旅,被公认为是美国远征军中最厉害的部队。

巴顿渴望战斗,日夜盼望率领铁骑驰骋沙场,冲锋陷阵。机会很快就来了。

协约国盟军最高统帅费迪南·福煦将军计划对德军发动一次大规模的进攻战。这次大攻势的前奏是扫除防守圣米耶尔城的德国部队。

司令部赋予巴顿的任务是:指挥第五军的坦克,包括自己的6个坦克连和1个法国坦克连共计144辆坦克,支援从南面发起进攻的主力部队。

9月12日凌晨1时,900门大炮一齐开火,一直延续了4个小时。凌晨5时,进攻开始,50万美军和15万法军像巨浪一般涌向德军阵地。

巴顿将坦克分成三路开进,自己靠近右路指挥康普顿营。

巴顿亲临第一线,他带领一名中尉和4名机械师尾随部队前进。巴顿一行冒着炮火往前疾进。穿过进军路上的第一座城镇圣比桑,向埃塞前进。据守埃塞的德军已经开始溃退,巴顿步行着带领坦克不停地进击,穿越埃塞向下一个城镇庞奈前进。

在往庞奈镇的途中,跟随巴顿身边的5辆坦克有4辆已经耗尽了燃料,不能动弹。巴顿命令仅存的一辆冲进镇子。亲自把它开进了城里,又向贝内方向驶去。

1918年11月11日,经过四年多苦战的第一次世界大战以德国失败投降而宣告结束。这一天,恰好是巴顿年满33岁的生日。巴顿在这次大战中获得了值得炫耀的荣誉,他被授予"优异服务十字勋章"和"优异服务勋章"。

1919年5月17日,巴顿率领他的坦克部队回到离别两年之久的美国。此时和平主义情绪开始在全国蔓延。国会确认,最好的军队是一支规模最小、费用最低和最不显眼的军队。于是到处都准备限制军备,海军建设大量削减,陆军遭到全面清洗,几乎所有军官都被降职或解职。巴顿决心告别坦克,重返骑兵部队。

此后,在 1920 年至 1940 年长达 20 年之久的岁月里,巴顿是在平淡无奇却又忙忙碌碌中度过的。他被频繁地东调西遣,先后担任过十多种无足轻重的闲职,并被送入骑兵学校、指挥参谋学校和陆军大学学习。

◉ 装甲铁师

1939 年,德、意、日法西斯挑起祸端,爆发了第二次世界大战。

法西斯元凶希特勒在新的一轮大战中,充分发挥飞机、坦克的机动性和强大火力,运用"闪电"战术,肆意逞凶,令世人目瞪口呆。

美国陆军参谋长马歇尔将军冷静地观察和分析了形势,他基于对新武器和新战法的了解,向罗斯福总统建议组建装甲部队和远程轰炸机,得到全力支持。

1940 年 7 月 10 日,马歇尔将军签署了一道命令,组建美国陆军第一装甲军,下辖 2 个装甲师。不久,巴顿奉命担任装甲旅旅长,并被晋升为陆军准将,到本宁堡参加部队的创建工作。

已经年届 53 岁的巴顿兴致勃勃地来到本宁堡,看到的是一幅令人沮丧的景象:这里有 323 辆严重锈蚀的旧坦克,2000 多辆残破不堪的各种车辆,几千名毫无军事素质的新兵。

一切都得从零开始。巴顿采取的措施是:表率、严格、激励。

他处处以身作则,以自己对事业的热忱和十足的干劲感染和教育官兵,成为人人效法的榜样;严格训练、严格要求,使官兵们充分认识平时训练和战时打仗的关系。

同时,巴顿还特别强调军人的"勇敢和机智",后来新闻记者在报纸上发表了一篇以"热血豪胆的老头"为题的文章,这个绰号很快流传开来,以至竟成了巴顿形象的美称。

1940 年 9 月,巴顿担任第二装甲师代理师长。

1941 年 1 月 28 日,马歇尔宣布将在 6 月份举行一次美军历史上最大规模的演习。

巴顿的第二装甲师也要参加这次演习,由他率领的部队在此次演习中出尽了风头。前来观战的马歇尔将军欣喜地说:"美国的坦克装甲部队一定会成为有'沙漠之狐'美称的德军将领隆美尔的克星。"

不久,巴顿荣升第一装甲军军长。

◉ 二战中的显赫战功

1941 年 12 月 7 日,巴顿曾预料到的日本袭击珍珠港事件爆发。美国直接参加第二次世界大战,使巴顿大显身手的时机终于到来了。1942 年 11 月 7 日,巴顿等一行被派往摩洛哥去执行同盟国秘密拟订的"火炬"作战计划。这项计划的目的是,派出一支特遣部队在北非登陆,建立一个战略据点,为今后反法西斯的大反攻做准备。

11月8日凌晨,巴顿的庞大舰队渐渐靠近摩洛哥海岸线。巴顿缓缓地走上旗台,卡萨布兰卡的轮廓透过夜幕已然隐约可见,城中灯火阑珊,一片宁静。

特遣部队进入战斗前的紧张准备。

按照预定计划,登陆部队兵分三路,分别从卡萨布兰卡附近的萨菲、穆罕默迪亚和费达拉登陆。

负责萨菲方向的作战指挥官是第二装甲师师长欧内斯特·哈蒙少将。

萨菲是位于卡萨布兰卡以南15英里的一个小镇,这里有一个小型的人工港口。敌军有400人驻守,用130mm的岸防炮封锁入港处,他们已经接到上级加强戒备的命令。

哈蒙少将组织部队分批登陆,4时38分,登陆艇接近海岸,在美舰猛烈炮火的掩护下,上午10时许,第二装甲师的中型坦克部队顺利上岸。

担任穆罕默迪亚进攻方向的是小卢西恩·特拉斯科特准将指挥的第九师。他们的行动遇到较大挫折。

穆罕默迪亚位于卡萨布兰卡以北约50英里,靠近利奥特港机场,控制了它就可以掌握卡萨布兰卡的制空权。驻军是摩洛哥土著步兵第一团和第七团,他们勇敢善战,加之75mm岸防炮的强大火力,使美军遭受很大伤亡。5支登陆队只有2支按时上了岸,许多登陆艇中途沉没。上岸部队失去指挥,各自为战,异常混乱。特拉斯科特被迫向巴顿求援,但巴顿此时的处境也颇为艰难。

巴顿亲自掌握中央突击队进攻费达拉地区,这是"火炬"战役的重点,由第三师、第二装甲师第六十七装甲团第一营以及

从 12 艘运输舰上登陆的特种部队共 19870 名官兵发起进攻。乔纳森·安德逊少将在巴顿的直接督率下指挥作战行动。

费达拉距卡萨布兰卡以北 15 英里，这个城市的港口是摩洛哥在大西洋沿岸唯一设备良好的港口。第三师的任务是在费达拉港附近登陆并建立滩头阵地，然后向南进攻卡萨布兰卡。敌军在这里的兵力部署十分严密，密集的岸防炮和野炮群扼守着海滩地带，对美军选择的 4 个滩头构成了火力封锁，地面部队有数千人，海面上还有一支较大的敌军舰队助阵，形势对美军十分不利。

为了掩护大部队顺利登陆，休伊特海军少将命令舰炮一齐开火，顿时把敌军大炮打成了哑巴。舰载飞机也一批一批地飞临卡萨布兰卡上空，实施轰炸和扫射，完全控制了这一地区的制空权。

8 时，是巴顿预定的登陆时间，他的登陆艇正在吊架上，装载着他的全部行装，准备下水。正在此时，有 7 艘敌军舰从卡萨布兰卡港冲了出来，它们以猛烈的炮火向美舰和登陆艇

射击。一场海上恶战持续了 5 个小时，以美军的胜利宣告结束。不久，美军又对卡萨布兰卡发起全面进攻，并获得了胜利。

巴顿的西线特遣部队在北非登陆大功告成，美国朝野为之欢悦！巴顿也因此成为老少皆知的英雄人物。巴顿率领军队占领了卡萨布兰卡，巴顿被委任美国驻摩洛哥总督。

1942 年 11 月 16 日，也就是宣布停止战斗后的第 5 天，巴顿开始履行他的总督职务。

1943 年 1 月中旬，美英两国首脑罗斯福和丘吉尔及其主要军事顾问来到卡萨布兰卡召开重要会议。打算下一步重点进攻意大利的西西里岛，发动代号为"赫斯基"的战役，并任命艾森豪威尔为盟军总司令。

西西里岛位于意大利南部的地中海中，德意轴心国加紧调兵遣将，增强了岛上的防卫力量。

"赫斯基"计划的起草工作最初在伦敦。由于进展迟缓，于是又转移至北非，由艾森豪威尔亲自抓，地点在阿尔及尔圣乔治饭店的第 141 号房间，计划班子被命名为"141 小组"。工作人员不断增加，旋迁到阿尔及尔郊区波扎利亚的师范学院。计划工作开始走上正轨。

"141 小组"的参谋长是英国少将查尔斯·亨利·盖尔德纳，他曾指挥过第六装甲师，有实战经验，1941 年在中东因搞计划出了名。在他的领导下，先后拟制了 7 个方案，终因未能被各方接受而一一被否定。这样，原定 6 月 10 日的进攻日期只好拖延一个月，改为7月10日。

4月中旬，计划小组综合吸纳了各方面的意见和建议，拿出了"赫斯基8号"方案。这个计划搞得很出色，与这次行动有关的高级将领艾森豪威尔、坎宁安海军上将、特德空军上将看过后都赞赏备至。

此计划在充分考虑西西里地形特点的基础上，认为，要想取胜，从攻击一开始就至少要夺取两个主要港口，以便给在纵深地区作战的部队提供给养。计划规定，由蒙哥马利的第八集团军攻占东面的锡腊库札；由巴顿的第七集团军攻占西北的巴勒莫。

巴顿于4月16日从突尼斯前线回到阿尔及尔的拉巴特，被任命为第七集团军司令。他看了"赫斯基"计划后表示十分欣赏，便立即着手筹划本集团军下步具体作战方案。

出乎人们的意料，英军第八集团军的司令蒙哥马利将军却极力反对"赫斯基8号"计划。

他认为，如果照这个计划行动，必定造成盟军力量的"分散使用"，一旦遭到敌人后备队的猛烈反攻，盟军将会陷入十分危险的境地。据此，蒙哥马利提出了修改方案，即美军的登陆地点不是在巴勒莫，而是在距英军登陆点不远的东南方向，具体地说就是锡腊库札和帕基诺之间。

经过几次会议的争吵商讨，5月3日，蒙哥马利修改的计划还是通过了。

5 月中旬,盟军联合参谋部最终确定了西西里战役实施计划,主要内容是:(1)进攻日期定于 7 月 10 日。(2)英国第八集团军在西西里岛东面 30 英里宽的正面登陆:登普指挥第十三军在锡腊库札南面登陆;利斯指挥第三十军在帕基诺半岛西侧同时登陆,以确保迅速占领当地的机场。英军总人数 25 万。(3)美国第七集团军在南部 40 英里宽的地面上登陆作战,由艾伦指挥的第一师居中,在杰拉登陆;左翼为特拉斯科特的第三师在利卡塔登陆,右翼为米德尔顿指挥的第四十五师在斯考格利蒂登陆。美军总人数共 28 万人。

盟军建立了精干的战役指挥机构。艾森豪威尔任陆海空军总司令;亚历山大任副总司令,负责领导第八、第七集团军组成的陆军;坎宁安海军上将任联合海军司令;特德上将任空军司令。

另外,参加此次战役的各部队都规定了代号。巴顿新建的第七集团军为"343 特遣部队",其所属第二军称"快速"部队。声名显赫的蒙哥马利第八集团军,则称英国第十二集团军。

在西西里岛,德意武装部队共约 30 万人,由意大利第六集团军司令阿尔弗雷德·古佐尼将军统一指挥。其中,意军有 4 个野战师和 6 个海岸防御师,装备很差,战斗力也较弱。同时只有 350 架飞机,分散在 12 个机场。德军有两个装甲师,一个是罗兹指挥的第十五装甲师;另一个是赫尔曼·戈林的装甲师,他拥有 100 辆中型和重型坦克,还有 60

门大炮。两个师共有约 3 万人,他们装备精良,富有作战经验,有较强的战斗力。

5 月下旬,马歇尔将军从华盛顿飞到阿尔及尔,巴顿陪同马歇尔视察了自己的部队,观看了水陆两栖作战训练。马歇尔对部队严明的纪律和井然有序的战备工作十分满意。

根据"赫斯基"计划,西西里登陆作战的第一步是攻占位于西西里岛与突尼斯海岸之间的班泰雷利亚岛。该岛有一座飞机场,是轴心国空袭北非盟军的重要空军基地。攻占此岛的目的既在于消除敌军的基地,另一方面又可使其成为支援盟军西西里作战的空军基地。

6 月初,盟军空军连续 6 昼夜不间歇地实施狂轰滥炸,不让守岛敌军有睡眠和喘息的机会。11 日,守军被迫投降,盟军俘获敌军共 11 万人。

攻占班泰雷利亚岛后,盟军立即把强大的空军部队运至该岛机场,并抓紧时间修整和扩建空军基地。其他部队则着手登陆的战前准备。

7 月 2 日起,盟军出动大批飞机对西西里岛机场进行猛烈的轮番轰炸,完全控制了制空权。

7 月 5 日,巴顿秘密登上海军中将休伊特的新旗舰"蒙罗维亚"号。他的部队将由休伊特指挥的三支分舰队负责运送,他们的代号分别为"菩萨"、"角币"、"分币"。"菩萨"运送特拉斯科特将军的第三加强师到利卡塔;"角币"运送艾伦将军的步兵第一师到杰拉以及南面的三个登陆点;"分币"运送特罗伊·米德尔顿少将的步兵第四十五师到斯考格利蒂北面和南面的五个登陆点。巴顿随第一师去杰拉。空降兵第八十二师作为战略预备队。

7月8日傍晚,部队集结完毕,一切准备全部就绪。9日早晨,当大军集结在马耳他南面准备向滩头进发时,突然刮起了大风。这是北风之神。传说希腊的北风来自阿尔卑斯山,直扑地中海,引起海啸。下午,海风达到最大强度,巨浪滔天,登陆受阻。巴顿和休伊特为此十分担忧。到了晚上10时30分,风势趋于平和。临到午夜,风几乎停了。

进攻即将开始。全体参谋人员集合到甲板上,第七集团军司令官巴顿中将发表了简短而鼓舞人心的讲话:"诸位,现在的时间是1943年7月9日午夜12时过1分,也就是7月10日零时1分。我荣幸地奉命指挥美国第七集团军。它是午夜投入战斗,天亮前接受战斗洗礼的历史上第一个集团军。"

1943年7月10日凌晨2时45分,西西里战役开始了。

特拉斯科特的第三师突击队率先登陆,很快占领了预定登陆点利卡塔附近海滩。8时,占领了利卡塔,控制了8英里长的海岸线。

艾伦的步兵第一师突击队在登陆时,遭到意军岸防炮的猛烈轰击,但立即被美国海军舰炮更凶猛的炮火压制,变成了哑巴。突击队迅速登陆,向杰拉城发起攻击,在消灭微弱的抵抗后,占领了该城。第一师控制了皮亚诺·卢波的重要的交通枢纽以及杰拉城机场。

另外,米德尔顿的第四十五师和加菲的第二装甲师也相继在预定地点实施登陆。

在第七集团军战区,意大利军队不是缴械投降就是仓皇穿过沿海平地向后面的丘陵地溃退。

夺取滩头的战斗就这样快刀斩乱麻似的结束了。

与此同时,英军方面传来消息,蒙哥马利的第八集团军没有遭到顽强的抵抗,顺利地占领了锡腊库札。

但在奥古斯塔前面停了下来。

初战告捷,不过是整个西西里的序幕。

66 岁的古佐尼将军是一员沙场老将,在强兵压境之际并没有惊慌失措。他在自己的司令部里对形势作了冷静的分析和判断,认为杰拉方面的美军是最严重的威胁。他命令守在尼斯切米和卡尔塔吉罗内的坦克部队和德国装甲部队向杰拉登陆的盟军发起反击,乘他们立足未稳将其赶下海去。

上午 8 时 30 分,意军的坦克隆隆地向杰拉开来了,尽管它们都是一些老式的轻型坦克,但由于美军的重武器还没有运到,手中的轻武器无法抵挡它们,被纷纷逼到街道两旁的楼房里隐蔽起来。

幸亏突击队长达比中校手脚麻利,他跳上自己的吉普车驰回码头,把刚刚运到岸上的一门火炮卸下,搬到车上,然后把临时安置的反坦克炮开回杰拉,并立即开始射击,很快就把意军的第一次冲锋击溃了。

第一天的战果使巴顿非常满意,各部队官兵通过英勇战斗,轻而易举地夺取了滩头阵地,并向内地发展攻占了几个中小城市。然而巴顿也清醒地意识到,美军的当务之急是把火

炮和坦克赶紧运上岸,否则,如果第二天敌人的装甲部队发动全面反攻,后果将不堪设想。

因此,他命令第二装甲师和第十八团迅速做好战斗准备,并决定第二天亲自登陆指挥作战。

正如巴顿所料,7月11日晨6时35分,意大利的俯冲轰炸机开始向杰拉登陆地区海上集结的美军船只发起攻击。德军戈林装甲师兵分两路,直向杰拉扑来。6时40分,康拉特将军的右战斗群就突破了美军鲍恩第二十六团第三营的防线。第二十六团仅仅有两辆轻型坦克,而德军有60多辆坦克,它们气势汹汹,横冲直撞。第一师官兵拼死守卫阵地,情况越来越严峻。

此时,在"蒙罗维亚"号旗舰上的巴顿对步兵第一师所处的危险境况一无所知。

当敌人坦克威胁第二十六团的严重关头,第一步兵师副师长罗斯夫联络到了炮连连长,指示他把火炮拖到敌人当面的一座小山头上,一口气击毁了5辆坦克,打退了其他坦克。

海军博伊斯号巡洋舰上的火炮根据巴顿指示的目标,击毁了康拉特的一批坦克。师炮兵击毁了更多的敌坦克。

11时,战斗仍在继续进行,但最危急的时刻已经度过,杰拉的滩头阵地总算守住了。

中午,利卡塔步兵第三师派来了10辆坦克,第二作战司令部又派来了两辆坦克。巴顿来到加菲将军的第二装甲师,命令加菲封锁杰拉和步兵第二师之间的空隙地,并派坦克支援达比的突击队。

到了傍晚,几乎所有的机动预备队都上了岸,军舰也各就各位了,做好了随时进行炮火支援的准备。一切工作就绪后,巴顿才回到"蒙罗维亚"号军舰。此时已是晚上7时整,巴顿在火线上指挥战斗已经有9个小时了。

7月12日,巴顿的第七集团军继续稳步推进,在以后的3天时间里,陆续攻占了科米索、比斯卡和蓬蒂·奥立佛三个机场,滩头阵地的最后目标也已占领。第四十五师占领了西西里的军事重镇、古佐尼将军的司令部所在地恩纳,原本是蒙哥马利第八集团军预定攻占的目标,结果被进展快速的美军抢先一步占领了。然而,蒙哥马利第八集团军的进展却不尽如人意。

第一天,登陆部队非常顺利,没有遇到什么抵抗,第五步兵师在上午9时就从主要公路上占领了锡腊库札。但是,由于蒙哥马利优柔寡断,没有快速地继续向前推进,很快就被敌人拖住了。

德军戈林装甲师、第一空降师和两个精锐的意大利装甲师及时地调到埃特纳山西南,从卡塔尼亚至恩纳形成了一道截击第八集团军的坚固防线。此时,蒙哥马利去墨西拿的通道已被堵住了。当蒙哥马利发现通往墨西拿的沿海公路靠近埃斯纳山东侧被封锁后,便决定从山的另一侧突破。他选择了左翼的 117 号公路,但按计划规定,这条公路是美军的重要通道,而且美军第四十五师正沿公路向北挺进。于是,蒙哥马利向亚历山大要求,美军撤离 117 号公路,把它让给英国第八集团军。这一要求得到了同意。

7 月 14 日,亚历山大将这一决定通知巴顿。巴顿认为这一决定,有利于帮助蒙哥马利摆脱困境,对战役全局是必要的;而且,这也许是一个新的机遇,放弃北行的公路,就可以把主攻方向转向西线,可以实现攻占巴勒莫的愿望,取得更大的战果。

蒙哥马利的第八集团军改变行军路线后,遇到了新的更大麻烦。希特勒调集了第一伞兵师、第二十九装甲团火速增援西西里岛,他们占据有利地形并构筑了坚固的工事,顽强地据守着防线。这样,蒙哥马利的第十三军在卡塔尼亚受阻;第三十军在阿拉诺地区徘徊不前,而且部队开始染上了疟疾。第八集团军不得不采取守势,以等待北非援军的到来。

英军进攻严重受阻,使整个战局发生了戏剧性的变化,亚历山大开始把希望寄托在巴顿的身上了。7 月 16 日,他向巴顿发来一项新的指令,美军可以向阿格里琴托发动攻击,而且只要有可能,就拿下先前禁止夺取的安佩多克莱港。实际上,特拉斯科特的第三师已经拿下了安佩多克莱港。至于阿格里琴托,第二天只经过短暂的战斗就到手了。

现在,巴顿认为,攻击的目标应该是巴勒莫。因为只有这样才能使盟军夺回战役的主动权,摆脱僵持局面,谋求新的发展。

解除了束缚手脚的枷锁,巴顿立即大刀阔斧地行动起来。他把特拉斯科特的第三师、李奇微的第八十二空降师和加菲的第二装甲师组成了一个临时军,由凯斯将军指挥,对巴勒莫实施决定性的攻击。必要时,由布雷德利率领第二军横穿西西里岛中心从东面攻打巴勒莫,或有可能,折向东面攻打墨西拿。

7月19日,巴顿下令快速挺进,5天之内拿下巴勒莫。暂编军各部立即以卷席之势向前推进。

20日,巴顿又下令组成一支"X特遣队",用于攻占卡斯特尔维特拉诺,并把第二装甲师调上来参加决战。

21日,达比指挥的特遣队占领了卡斯特尔维特拉诺。

22日,达比的特遣队沿海岸线挥师西进。第二装甲师也投入了行动,向东北迅速推进到巴勒莫郊外。与此同时,特拉斯科特的第三师以每小时3英里的强行军速度从科列奥奈赶到东南的阵地。

暂编军闪电般地抵达巴勒莫,使城内守军惊惶失措,根本无法组织任何有效的抵抗,投降成了唯一的出路。

凯斯将军命令第二装甲师开进城内,并指示特拉斯科特将军派第三步兵师的部队去保护重要设施以防破坏。当晚10

点,两名诚惶诚恐的意大利将军代表该城守军向凯斯将军表示投降。

巴勒莫作战的胜利在国际上产生了巨大的反响,极大地鼓舞了同盟国的士气,并迫使墨索里尼于7月25日被迫辞职。

巴顿又一次名扬四海,他的进攻精神与日臻完善的指挥艺术得到广泛的肯定与赞扬。

1944年6月6日凌晨,世界反西斯战争第二战场——诺曼底登陆战役正式打响。2395架运输机和847架滑翔机从英国的3个机场起飞,载着3个伞兵师在夜幕下于诺曼底着陆。

7月6日,对巴顿来说是一个值得纪念的伟大日子,他终于盼来了重返欧洲战场的时刻。

巴顿一行受到布莱德雷将军的副官切斯特·汉森中校的迎接,然后驱车前往设在伊西格尼南面一片树林中的布莱德雷的司令部。来到司令部后,布莱德雷伸出双臂真诚热情地欢迎巴顿的到来。

当时的第三集团军正在集结过程中,其中许多部队在英国整装待发,像一支张满弓的利箭,就等巴顿一声令下了。

经过40多天的激战后,盟军并没有达到战役计划第一阶段的目标,也没有给巴顿部队创造出在右翼实施突破的机会。到7月10日为止,盟军共损失6万多人。布莱德雷深深感到局势的严重,毅然决定采取一种新的攻势——"眼镜蛇"攻势。

其主要内容是:集中大量的轰炸机对圣洛以南地区狭窄的正面实施最强有力的轰炸,然后以第一集团军的第七军实施突破,以求打破目前的僵局,突破库坦塞斯——科蒙防线,攻占阿夫朗什,为巴顿第三集团军横扫布列塔尼的扩张成果行动打开局面。

"眼镜蛇"战役于 7 月 25 日开始,艾森豪威尔亲临前线督战。上午 11 时,盟军对圣洛西面一块长 5 英里宽 1 英里的长方形敌军防御阵地实施大规模的炮击和空袭行动揭开了"眼镜蛇"行动的序幕。美军轰炸机进行地毯式轰炸,大约 3000 架美国空军轰炸机朝敌防御阵地投下了 4000 多吨高爆弹、杀伤炸弹和凝固汽油弹。而后,坦克和步兵在轰炸机的支援下,对圣洛的防御之敌发动了猛烈的进攻。大片德军阵地被夷为平地,通信线路被切断,数千名德军被炸死。德军很快失去指挥和协同作战能力,陷入一片混乱。

"眼镜蛇"的计划实施两天,美军就攻占了库坦塞斯。至此,该计划的基本目标就已大部分完成。28 日,布莱德雷打电话指示巴顿:以第一集团军副司令的名义到前线督战,督促第八军扩大战果,打开布列塔尼的大门,并要尽快使第十五军投入战斗。并指出,第八军打开布列塔尼大门之时,就是巴顿的第三集团军投入战斗的时刻。

巴顿接到命令后立即带着参谋长加菲将军、第十五军军长海斯利普将军等人前往第八军司令部。在听取了第八军军长米德尔顿将军的汇报后,巴顿认为,由于交通阻滞,第八军的推进速度已经大为减慢,当务之急是使部队以最快速度抵达阿夫朗什。巴顿非常熟悉这个地方,30 多年前,他偕同夫人曾乘坐敞篷汽车游览过该地。它位于塞厄河与塞鲁河之间,在军用地图上只不过是一个标记,但实地却有四通八达的公路。巴顿意识到,阿夫朗什不仅是通向布列塔尼的大门,而且还是解放法国的关键所在。

于是,巴顿立即对部队进行了新的部署,把两个装甲师作为前锋,快速向阿夫朗什推进。29 日,第六装甲师从西侧向南挺进,直抵库坦塞斯以南地区;第四装甲师沿佩里耶—库坦塞斯公路南下。

7 月 30 日这一天,对于第八军来说是个可喜的日子。这一天,取得了巨大战果:第六装甲师占领了格朗维尔;第四装甲师则攻占了阿夫朗什,并夺取了塞厄河上的两座桥。7 月 31 日上午,格罗的第六装甲师越过了格朗维尔,迅速向东南推进到阿夫朗什地区。第四装甲师的部队正从阿夫朗什向南搜索。下午,美军在阿夫朗什站稳了脚跟,抢占了交通要冲蓬托博尔桥。

1944 年 8 月 1 日,美军第三集团军全部投入了战斗,这标志着巴顿及其所统率的部队已经能够完全独立作战了。大家共同庆祝了第三集团军的诞生。

8 月 14 日,是巴顿及其第三集团军在法国参战两周的日子。为了纪念这个日子,巴顿在参谋会议上作了一个演讲,他总结了前一阶段的战绩,指出:"自 8 月 1 日参战以来,我们从阿夫朗什向东推进了 150 英里,解放了法国大片土地。迄今为止比有史以来的其他军队都前进得更快、更远。"他要求部下在下一阶段战斗中大力发扬这一作风,创造出更加惊人的战绩。

8月14日,巴顿指示勒克莱尔的法国装甲师和另一个步兵师留守阿让唐,其余部队向东推进。这样,第三集团军将会在一个60英里宽的正面向前快速推进,直逼法国首都巴黎。这正是巴顿梦寐以求的愿望。

至25日为止,第三集团军在巴黎以南的塞纳河上游和特鲁瓦河段上占据了4个桥头阵地,由于他们进军非常之快,以致把大批疲惫不堪的德国人甩在了身后。此时,德军已经意识到了他们又一次面临着被围歼的危险。在整个8月下旬,他们亡命东撤,潮水般地向塞纳河对岸涌去。但由于巴顿的迅速出击,占领了塞纳河上的大部分渡口,使德军重武器、车辆的撤退严重受阻。结果,在奎恩的南面和西南面的两个大拐弯处,挤满了等待过河的德军和辎重,盟军空军乘机实施大规模空袭,炸死炸伤敌军数万人,击毁各种军车4000余辆,其中包括200辆坦克。

在解放法国的令人振奋的日子里,巴顿及其第三集团军一路势如破竹、锐不可当,他们的名字和辉煌业绩广为传颂,家喻户晓。每到一地,都受到法国人载歌载舞的夹道欢迎。

此时,法国的心脏——巴黎已经是一座孤岛,处于大军围困之中。8月19日,法国爱国人士和地下武装力量在警察部队支持下,发动了武装起义,占据了市内的一些要害部门,迫使德国占领军妥协停火。至此,进驻巴黎时机已完全成熟了。盟军最高司令部反复斟酌,最终选定了第三集团军所属的勒克莱尔第二装甲师,这是一支英勇善战的法国部队,由它来完成对巴黎的解放,无论在军事上还是在政治上都是十分适宜的。

　　8 月 25 日,勒克莱尔的第二装甲师八面威风地开进了法国的千年古都巴黎,随即便被淹没在欢迎人群的鲜花、彩带和气球的海洋之中。下午 3 时 15 分,在蒙帖纳斯车站举行了盛大仪式,德军司令冯·肖里茨正式向勒克莱尔交出了这座受尽磨难的历史名城。在将近一个月的浴血苦战中,巴顿及其第三集团军的将士们为法国的解放做出了巨大的奋斗与牺牲,他们向前推进了 500 英里,解放了 47 万多平方英里的土地,歼灭德军 10 万余人,摧毁和缴获敌坦克 500 余辆、火炮 200 多门。巴黎的解放,实际上标志着诺曼底战役正式结束了。诺曼底战役结束后,根据战局的发展,盟军领导人决定:

　　派美国第一集团军和李奇微的第十八空降军支援勒克莱尔向北突击,并在燃料方面给以优先供应;巴顿的第三集团军在南路进军,目的是对蒙哥马利进行配合策应。第三集团军受领的具体任务是:从塞纳河边的桥头阵地出发,沿巴黎向东的两条公路干线继续追击,目标是梅斯—斯特拉斯堡一线。

　　巴顿率领第三集团军克服重重困难,英勇奋战,圆满地完成了任务。1945 年 5 月 6 日,是巴顿第三集团军战斗的最后一天，他已得知，德
军将于第二天无条件投降。
对于巴顿来说，战争实际上
已经结束了。5月10日，巴
顿发出了停止战斗的第98
号命令。巴顿及其第三集团
军在整个西线反法西斯战争
中，发挥了巨大的作用。在
281天的战斗中，它保持了
直线距离100多英里宽的进攻正面，向前推进了1000多
英里，占领了81522平方英里土地，解放了13万座城镇和
村庄，其中大中城市27座。伤敌386万余人，毙敌15万
人，俘虏95万余人，共计396万余人。

在解放欧洲的伟大斗争中，巴顿的军事领导艺术和指挥
才能焕发出了夺目的光彩。

◉ 将星陨落

1945年5月7日，德国政府签署了无条件投降书。欧洲
的战事结束了。此时，巴顿不由产生一种严重的失落感，百无
聊赖之中，他返回美国，进行短期休假。

在美国，巴顿受到英雄般的热烈欢迎，被淹没在鲜花、彩
带、掌声和欢呼声中。他应邀到各地演讲。然而，不妙的是，
他的演讲充满杀气，鼓动人们继续备战，放弃和平麻痹思想。
他的情绪和言辞与当时国内刚刚获得和平安宁的社会生活格
格不入，激起了广泛的厌恶和反感，使其形象大受损伤。

不久,巴顿被委任为驻巴伐利亚军事行政长官。

巴顿是一个军人,他对政治既不喜欢更不精通。

由于他出身显贵和受到的教育,虽然对共产主义等问题一窍不通,但他从内心深处是反对共产主义的,对共产党人和社会主义苏联抱有一种天生的敌意。他认为苏联红军是一群具有最严格、最无情纪律的"乌合之众"。

正是由于巴顿的政治观点极其保守,加上他那骄纵的性格,所以在以后的外交场合和社会活动中出现了不少纰漏,甚至发生了严重的错误,给他的晚年带来了许多麻烦和困扰,并最终导致了他政治生命的终结。9 月 28 日,艾森豪威尔召见巴顿,在长达 4 个小时的谈话之后,艾森豪威尔宣布:解除巴顿第三集团军司令的职务。为了顾及这位战争英雄的面子,最高司令部给了巴顿一个较为体面的台阶,任命其为第十五集团军司令。这个所谓的集团军只不过是一支由后勤人员组成的"服务部队"。

10 月 7 日,巴顿怀着极其沉重的心情与第三集团军告别。至此,巴顿的军事战斗生活走到了终点。

1945 年 11 月 11 日,巴顿在虚无缥缈的神秘气氛中迎来了自己 60 岁的生日。12 月 9 日早上,巴顿在盖伊少将等人的陪同下,乘坐上等兵霍勒斯·伍德林驾驶的轿车去莱因法尔茨地区的施佩耶尔附近打猎。途中,他们去参观一座废墟。由于天气寒冷,下山时,巴顿坐到了前排位置,以便让加热器和马达的热气暖暖冰冷的双脚。离开废墟后,轿车拐上 38 号公路,在一个检查站被一名宪兵拦了下来,照例检查了他们的证件。然后,巴顿又重新回到了后排座位。汽车继续在曼姆郊外凯菲尔特 10 英里长的公路上行驶。

当他们来到铁路交叉处时,恰恰一列长长的货车正要通过,路口闪着红色信号灯,巴顿乘坐的卡迪莱克轿车缓缓地停了下来。同时,一辆大型军用卡车和一辆宪兵的吉普车也停在了道口,一同等待信号灯停止闪耀和栅栏升起。上午 11 点 45 分,火车终于过去了,栅栏门升了起来,车辆开始移动。

当巴顿乘坐的轿车还在铁轨上摇摆着往前驶,一辆大卡车突然往左边来了个急转弯,两车碰在了一起,一桩著名的车祸发生了。"我的脖子受了伤,中尉。"巴顿对同行的巴巴拉斯中尉抱怨说。他的头重重地撞在车隔板的钢架上,伤口大量出血,满脸都是血污。

一辆救护车正好路过这里,25 分钟以后,他们将伤势沉重的巴顿送到了海德尔堡郊外第七集团军的新基地医院。12 月 12 日,美国陆军医疗团派出了最好的医生 R. 格伦·斯珀林博士,偕同巴顿夫人比·阿特丽丝女士乘坐艾森豪威尔指派的专机来到医院,治疗和看护巴顿。当妻子迈入病房时,巴顿面带感激的微笑望着她亲切地说:"比,恐怕这是我们最后一次见面了。"

医护人员竭尽全力挽救巴顿的生命,巴顿积极配合,他以强健的体魄和坚强的意志和伤痛作顽强的斗争。为了宽慰妻子和身边的医护人员,他幽默地称这是"最后一次壮烈的战斗"。但由于伤势过重,救治无效,1945 年 12 月 21 日下午 5 时 49 分,巴顿停止呼吸,告别了战斗的人生。世界军事天地一颗闪亮的明星陨落了。12 月 22 日,巴顿将军的遗体安放在赖因纳尔别墅供人凭吊。世界各家报纸都在头版头条报道:"巴顿将军长眠不醒,溘然逝世。"慰问电和唁电像雪片似的飞来。士兵们川流不息地前来凭吊这位杰出的指挥官,缅怀他的过去,含泪向遗体告别。

圣诞节前一天,在细雨蒙蒙中,巴顿被安葬在卢森堡哈姆的美军坟场中,与 5076 位集团军的英雄官兵们长眠在十字架和大卫王星下面。

第二章

骁勇善战的奇帅蒙哥马利

◉ 主教之子

　　1887 年 11 月 17 日,第二次世界大战时名声显赫的战将伯纳德·劳·蒙哥马利出生在英国伦敦肯宁顿圣马克教区的牧师——亨利·蒙哥马利家中。

　　当时,他已经是这个家中的第四个孩子了。

　　1889 年 5 月 1 日,父亲亨利出任澳大利亚塔斯马尼亚的主教。一家人随父亲经过 7 周的海上颠簸之后,终于在 10 月 23 日到达澳大利亚的塔斯马尼亚,当时,伯纳德·劳·蒙哥马利还不到两岁。

　　母亲莫德一共生养了 9 个孩子,母亲一面照顾孩子,一面参与教区工作。她在家中订立了严格的家规。她像男人一样

威风凛凛,发号施令,稍有不合意之处,就鞭棍相加。莫德除对孩子严加管教外,她还独揽家中财政大权,每周只给主教10先令,这还包括主教每天到图书室的午餐费用。如果主教在周末前客气地向她多要一两个先令,便会被她严加盘问。

母亲的严格要求的方法虽然使母子间缺乏亲切感,使家庭生活毫无乐趣,但也确实起到了某些好的作用。她的孩子都学会了说实话而不顾后果,每个人都循规蹈矩,没有任何一个做出使她蒙羞的事情。家中没有闲言碎语,从没有人上过法庭或进过监狱,也从没有人诉诸法院要求离婚。

在塔斯马尼亚,亨利·蒙哥马利主教对自己的工作专心致志,对教友坦诚忠实,深受人们的好评,所到之处颇受人敬重,不管男女都对他非常信任。

1901年11月,由于父亲工作调动,亨利一家又回到了伦敦。1902年1月,蒙哥马利在上圣保罗学校的第一天便擅自做主,选择了"陆军"班。当晚他把自己的决定告诉了父母,父母并未衷心接受。亨利希望自己的儿子当牧师,一听说他想当军人,不免大失所望。于是问他为什么想参加陆军,他无言以对。主教明智地接受了他的选择,认为这是天意,便不再说什么了。可是,母亲却不那么容易让步,于是母子间又爆发了一场激烈的争吵。

结果,蒙哥马利平生第一次赢得了胜利。

蒙哥马利当时14岁,凭他对付功课的本事,完全可以悠哉悠哉地在学校里混过去。他体格强健,善于游泳,但对圣保罗学校新兴的板球和橄榄球运动却一无所知。入学后,他猛攻体育运动。第一年,他当上了学校游泳队队员。3年内,他便当上了第15橄榄球队和第11板球队的队长。他虽然身材瘦小,但却目光敏锐,具有一种天赋的竞赛和领导才能。

蒙哥马利在运动场上叱咤风云,但在学习成绩上却令父母伤心。1903 年,他在拉丁文、物理、化学等科目方面有所进步,老师的评语是"尚可";在神学和英文方面,老师的评语是"优异"。但秋季来临,一场大病又把这些乐观的希望变成泡影。此后,蒙哥马利的学习成绩便每况愈下,不可收拾。到 1905 年秋升到陆军班时,他通常得到的评语是"庸劣",虽然他也能写情感丰富的文章,但毫无风格。

1906 年 7 月,18 岁的蒙哥马利面临家庭和学校之外的第一次考验。要想做一名陆军军官,就必须进桑德赫斯特英国皇家军事学院,而要进桑德赫斯特皇家军事学院,又必须首先经过考试。

从学术上讲,这种考试不算难,但却需要一些基本知识,而这些基本知识不是在板球场和橄榄球场上可以学到的。当时,蒙哥马利已是 18 岁半,校方对他的评语是:"从年纪看,该生是个落伍者。如果他想上桑德赫斯特皇家军事学院,就必须努力加油才行。"这一评语给蒙哥巴利很大的震动,使他认识到他正处于一个关键时刻,必须潜心学习才行。从此,他便刻苦用功,奋力追赶。

◉ 从军校到郡团

1907 年 1 月 30 日,蒙哥马利进入桑德赫斯特英国皇家军事学院。在被录取的 177 名考生中,他排在第 72 位。

桑德赫斯特皇家军事学院位于英格兰伯克郡,建于 1799 年,旨在训练、培养英国陆军正规军官。学生们制服华丽,生活阔绰。

平民子弟在桑德赫斯特军校的学费每年为 150 镑,这包括食宿和一切必要的花费,但不包括零用钱。母亲除了负担 150 镑的学费外,每周还给伯纳德·蒙哥马利 9 先令零用钱。与给亨利主教的零用钱比起来,母亲似乎是够慷慨的了。但与其他同学相比,蒙哥马利却显得格外寒酸。

由于蒙哥马利学习成绩不错,又热衷于运动,6 个星期后,他便被晋升为一等兵,这是一种很大的荣誉。经这样选拔出来的学生被公认为是学生中的优秀分子。

很快,蒙哥马利开始得意忘形起来。在桑德赫斯特军校,蒙哥马利所在的连队是低年级 B 连,其中有一群相当强悍而暴躁的人。作为一等兵,蒙哥马利得负责领导他们。但他们经常和住在楼上的低年级的 A 连发生冲突。一次,天黑以后,他们用拨火棍或类似的武器在走廊里激战,一直打到其他连队居住的地方,结果是不少人被打得鼻青脸肿,头破血流,不得不去医院治疗。为此,他母亲费了好大劲才说服学校不要开除他。也因为这次"激战",使他未能在 12 月被选毕业。

1908 年夏,36 名军校学生被派往印度,蒙哥马利再次落选。虽几经挫折，但他最终如愿以偿，于 1908 年 9 月 19 日，被分到皇家沃里克郡团。与沃里克郡团的大多数同事不一样，他缺乏修养，在军界没有关系，不怎么会骑马，对上级也只是偶尔表示尊敬，对社交不感兴趣，缺乏年轻人应有的朝气，与人争论时常常翻脸。

沃里克郡团第一营驻防印度，为了争得去印度服役的机会，他专门学了两门印度土著语言。同事们都认为他这个人有点稀奇古怪，让人费解。诚然，他的许多同事精通业务，工作效率高，但就敏锐而言，他们却远不及蒙哥马利。

12 月 12 日，蒙哥马利被派往驻扎在印度西北边疆白沙瓦的第一营。当时他 21 岁，比大多数新来的尉官的年龄都大。蒙哥马利对成功的追求，终于使他在同僚中崭露头角，1910 年 4 月 1 日，他被晋升为中尉。蒙哥马利特别喜欢运动，曲棍球、板球、边疆探险、打猎、赛马，样样他都参加，并且表现不俗。使大家吃惊的是，他竟然买了一匹印度骑兵团的战马，骑着它打猎和参加越野赛马。

蒙哥马利只用了 100 卢比买来的马并不是纯种马，它在印度骑兵团主要是驮行李，没有受过理想的训练，不能作赛马。然而，蒙哥马利却一门心思地训练它，哪怕最初付出了最大的代价也在所不惜。在一次赛马中，当其他的马冲出去时，蒙哥马利却从马背上摔了下来。要是换了别人，早就满脸羞愧地退出了比赛。但蒙哥马利却不，他再次纵身上马，向

前追去。使他自己,也使观众吃惊的是,他的马竟然很快就领先了!他使劲地重重踢马,把脚镫子都踢掉了。他把对手远远抛在后面,飞身驰过终点。正当他被宣布为胜利者时,他又从马上掉了下来。

1910 年 10 月,蒙哥马利随营移至孟买。孟买的气候炎热、潮湿,使人总觉得困倦、疲乏、浑身无力。那里的训练设施非常有限,一切都让人心灰意懒。但蒙哥马利却仍然精力充沛,反应灵活。

1912 年 11 月 6 日,蒙哥马利随部队一起离开孟买回国,于圣诞节返抵家园。

1913 年 1 月 2 日,蒙哥马利被任命为皇家沃里克郡团第一营助理副官。

◉ 初上战场

1914 年,第一次世界大战爆发。8 月 8 日深夜 2 点半,蒙哥马利所在部队奉命开往法国战场。英军与德军一接触即撤退,第九旅在战斗一开始撤退时就乱作一团,只好靠皇家沃里克郡团所在的第十旅来收拾残局。

蒙哥马利所在的第十旅第一营迅速梯次展开:第一梯队两个连,占领前沿地形;第二梯队两个连,部署在数百码以外的后方。在这次攻击中,蒙哥马利挥舞着指挥刀跑在队伍最前面。不幸的是,他只跑出六步远,便被自己的刀鞘绊倒,指挥刀被摔出老远。等他站起来,再跟着部队往前冲时,他发现自己排里的大部分士兵已经阵亡。后来,蒙哥马利带领第三连的两个士兵,回到山上救回一名伤势很重的上尉。由于没有担架,无法抬他随部队行动,后来只好把他留在村中的神甫处。

9月4日,战场形势发生变化,德军被迫后退。蒙哥马利所在的营离开勒芒市,开始向德军追击。从9月5日到15日,他们每天都强行军,通常清晨4时出发,晚上7—8时休息。经过几百英里的艰苦追击,他们终于在埃纳追上了德军。

德军在埃纳构筑工事,掘壕防守。英军到达后并未仓促发动进攻,只是抢占地形,构筑工事,准备进攻。两支军队彼此相对,虎视眈眈,但谁也不首先发起进攻,只用炮火轰击对方阵地。

德军和英军就这样面对面地僵持在那里,互不相让。一直持续了一个多月。蒙哥马利认为,他们的目的,就是要把德军牢牢地钉在那里,好让法军迂回到他们背后去打击他们。

1914年10月上旬,英国当局决定,将夹在两支法军中间的英国远征军抽调出来,转向北方,迂回德军侧翼。不幸的是,德军这时也抽出几个师的兵力对英军实施迂回包抄。结果,英军又在人数上处于劣势,再次陷入苦战。

蒙哥马利所在部队从埃纳阵地移防出来后,搭乘火车转往比利时。随后掉转方向,行军两天,再搭乘火车,开往梅特朗参加战斗。

这次参战,蒙哥马利充满必胜的信心,因为这次是普尔少校指挥。普尔少校有作战计划,发出的命令也妥当。13日上午 10 时,蒙哥马利所在营刚到达佛来特尔,便接到报告说,敌军据守着梅特朗前面一带高地。普尔少校将全营的 4 个连完全展开,把敌军赶回梅特朗。德军从高地退守到村庄的边缘后,便在房舍、丛林、篱笆和墙壁间挖掘战壕,把泥土弄得到处都是,加之天下着绵绵细雨,雨帘低垂,乌云翻滚,英军根本无法看清敌军在何处。英军没有炮火支援,这便使德军可以毫无顾忌地把教堂塔顶作为观察位置。在那上面,德军对英军的部署和运动情况一览无遗。

尽管普尔少校指挥卓越,但全营在上午 11 时又奉上级指挥官的命令,在没有炮火支援的情况下夺取村庄。其结果与 8 月 26 日在勒卡托的战斗一样,部队伤亡极大。在伤亡了 100 多名官兵之后,先头各连进攻受挫。C 连和 D 连随后跟上,蒙哥马利高举着指挥刀,率领全排前进。这一回他总算没有被刀鞘绊倒。可是,当他一步冲进德军战壕时,却发现一名德军正举枪向他瞄准。

在这千钧一发的时刻,蒙哥马利大喝一声"杀!"便纵身向那个德国兵猛扑过去,用尽全身力气猛踢他的下腹部,正好踢中其要害部位,使他痛倒在地,成为蒙哥马利有生以来的第一名战俘。

蒙哥马利带领全排士兵与敌人展开英勇的肉搏战,一举夺占了敌人阵地。随后在离村庄约 90 米的壕沟和篱笆后面构筑防御阵地,准备继续向村庄发动进攻,以肃清村里的敌人。蒙哥马利布置好防御阵地后,跑到前面去回头观察布防情况,以了解从敌军的角度看他们阵地的情形。他刚从雨中站起来,就被守在屋里的德军狙击手一枪击中。子弹从他背后射入,从前面穿出,穿透了右肺,但却没有伤着骨头。他倒在地上,血流如注。为了不引起德军的注意,他静静地躺在那里。

一名士兵跑过去,替他包扎伤口,结果他被一颗子弹射中头部,倒在蒙哥马利身上。德军狙击手继续向他俩射击,蒙哥马利的左膝又被击中一枪。但倒卧在他身上的那位士兵挡住了其余的子弹。排里的士兵以为他俩都死了,也就不打算去救他们。

蒙哥马利在泥泞里躺了三四个小时,直到天黑以后,排里的人才去救他。但他们没有担架,只好用一件大衣把他抬到路上,碰巧遇上团急救站的担架兵,于是把他抬到皇家陆军卫生部队的前方急救站。医生们认为他不行了,又因急救站要转移,就给他挖了一个坟墓。

但是,到转移时,他还活着,于是被抬上救护车,送往火车站。一路上汽车颠簸,他还勉强没有昏迷过去。但一上火车,他便完全失去了知觉。等他第二天完全清醒过来时,已经躺在伍尔维奇的赫伯特医院里了。

蒙哥马利在进攻梅特朗作战行动中的英勇表现,受到了上级的重视和表彰。他负伤的第二天,即 1914 年 10 月 14日,被晋升为战时上尉军衔。他还由于"身先士卒,奋不顾身,用刺刀将敌人逐出战壕而身负重伤",荣获"优异服务勋章"。

◉ 坠入情网

不久,蒙哥马利出院了,他又回到了法国的西线,进了参谋部。然而情况却不容乐观,当时的参谋人员,都不与军官、部队接触,他们远离火线,生活舒适。

面对可怕的伤亡人数,蒙哥马利伤心极了。1918年,第一次世界大战结束了。蒙哥马利得知自己的挚友和导师也在这场战争中阵亡,使他下定了誓言把军事作为自己终生职业的决心。但应该如何去做,却不甚清楚。不过,有一点是肯定的,他必须进参谋学院深造。

蒙哥马利进参谋学院学习,两次都落选了。他决定去找当时驻德的英国占领军总司令威廉·罗伯逊爵士,他知道总司令年轻时也经历了许多周折坎坷,对年轻人抱有同情心。

1920 年 1 月,蒙哥马利在总司令的帮助下,进入坎伯利参谋学院报到。12 月,蒙哥马利从参谋学院毕业。

1926 年 1 月,蒙哥马利被派往参谋学院升任教官。在这里,38 岁的蒙哥马利,遇到了那个他脑海中的生动、可爱的女子。

她叫贝蒂·卡弗。丈夫在第一次世界大战中阵亡,留下了两个男孩儿。贝蒂与蒙哥马利同岁,是个艺术家,擅长油画和水彩画,雕塑也很拿手。

1927 年 7 月 27 日,伯纳德·蒙哥马利与贝蒂·卡弗在奇斯维克教区教堂举行婚礼,喜结伉俪。结婚之后,蒙哥马利把新娘子视如至宝,一年之后,40 岁的蒙哥马利喜得贵子。1928 年 8 月 18 日,贝蒂在坎伯利他们的平房里,在一大群医生和护士的照顾下,生下一个男孩。他们给孩子起名戴维·

蒙哥马利,并请了一位保姆照
顾他。自从生了戴维后,贝蒂
的身体大不如往常,但她却总
是精神饱满,心情愉快,从不
生病。

1929 年 1 月,蒙哥马利在
参谋学院的 3 年任期就将届满。1930 年 7 月 10 日,他又回到
沃里克郡团第一营。1931 年 1 月 17 日,晋升为该营营长。并
于年底奉命移防埃及亚历山港。

1934 年 6 月 29 日,蒙哥马利前往奎达参谋学院就任首席
教官,并晋升为上校。

◉ 妻逝夫悲

1935 年 5 月 31 日,奎达发生大地震。一夜之间,死亡约
3 万人。这场灾害比蒙哥马利在第一次世界大战中见过的任
何屠杀都更为可怕。为了防止霍乱等传染病的发生和蔓延,
驻军司令下令用铁丝网把全城围起来,实行封锁。奎达参谋
学院位于层层岩石之上,在地震中幸免浩劫。两天后,奎达河
谷又震了一次,学院的大钟响了 17 下。为了预防万一,贝蒂
带着戴维回伦敦去了。

1937 年 8 月,蒙哥马利前往朴次茅斯就任第九步兵旅旅
长,但他的半月堡式私邸要到 9 月才能装修完毕。此外,第九
步兵旅 8 月下旬要在索尔兹伯里平原进行营演习,蒙哥马利
要与部队住在一起。因此,从北方返回,蒙哥马利便把妻儿安
排在滨海伯纳姆的一家旅官里,好让儿子度过剩余的假期,也

让妻子过得休闲点。

一天下午,当贝蒂和戴维在沙滩上玩耍时,贝蒂的脚被虫叮了一下。她说不上是哪一种虫子,因为这种虫子她从未见过。当晚,她的腿开始肿痛。于是去请医生,医生立即把她送进当地的乡村医院,并派人去叫蒙哥马利。

贝蒂的病情不断恶化,越来越痛。实在痛得太厉害了,就给她注射镇痛剂。贝蒂的神志开始昏迷,有时处于病危状态。蒙哥马利经常深夜被叫去,驾车往返滨海伯纳姆 200 多英里。毒素沿着贝蒂的腿慢慢向上蔓延。

有一天,医生们断定,唯一的希望是截肢。既然还有希望,蒙哥马利便同意了。截肢之后,病情并未好转,毒素继续蔓延,最后影响到肺部,已经无法阻止病毒的蔓延。亲人们束

手无策,医生们尽了一切可能,护士们也是精心护理,但是败血症已使她病入膏肓。

1937 年 10 月 19 日,贝蒂在蒙哥马利怀中逝去。

蒙哥马利把贝蒂安葬在滨海伯纳姆的墓地里。安葬完了贝蒂,蒙哥马利就回到朴次茅斯的住宅。

贝蒂去世后,蒙哥马利把自己关在家里许多天,谁也不

见。他好像堕入黑暗之中，心灰意冷，万念俱灰。他已经走到绝望的边缘。

过了相当一段时间，蒙哥马利才逐渐恢复了平静，他那天生的倔犟劲和活力才又逐渐显露出来。他从军官训练着手，对全旅进行严格的训练。

他分别于 1937 年 11 月和 1938 年 3 月举办军官研讨会，对现代战争的有关问题和训练问题进行专题研究，效果良好。他要求各营长训练所属资浅军官去指挥较大的单位，甚至本营的部队，以适应未来作战的需要。他亲自监督部队的训练，士兵们没有什么怨言。他的士兵很快就在几次演习中证明他们是非常能干的。

1938 年 10 月，伯纳德·蒙哥马利被提升为少将，奉命接管巴勒斯坦北部的军事指挥。

刚到巴勒斯坦不久，蒙哥马利就接到陆军部秘书处的通知说，他已被选中在适当的时候接任第三师师长，因为现任第三师师长已被任命为百慕大总督。这个消息使他非常高兴，因为第三师是第一次世界大战时期的老牌"钢铁师"，是全国最优秀的师之一，而且还包括他指挥过的第九步兵旅。

但好事多磨。蒙哥马利预定在 8 月接管第三师，可他在 5 月却突然患了重病。经多次 X 光检查，发现他的肺部有一个阴影，被怀疑是肺结核。巴勒斯坦的医疗设备很差，他的病情日益恶化。于是，蒙哥马利在两名护士的照顾下返回英格兰。

然而，蒙哥马利又一次奇迹般地活过来了。海上的航行恢复了他的健康，当船抵达蒂尔伯里时，他竟像没有病的人那样走下船去。他直接到伦敦的米尔班克医院，要求彻底检查。花了 3 天时间，医生说他什么病都没有，肺部的阴影已经消失。

经过一段休假之后，1939 年 8 月 28 日，蒙哥马利少将正式接任第三师师长。

◎ 敦刻尔克大撤退

蒙哥马利接任第三师师长 3 天后,1939 年 9 月 1 日德国入侵波兰,英国向德国提出最后通牒。9 月 3 日上午 11 时,英国正式向德国宣战。同日下午 5 时,法国也向德国宣战。于是,第二次世界大战爆发。

第三师经过战争动员后,开始开赴法国前线。

在 1939—1940 年的冬季里,英国远征军的任务实际上是训练和自卫。蒙哥马利预感到自己的部队将在黑夜中占领防御阵地,天明时就部署就绪地歼灭敌人。于是,第三师展开了长途夜行军的训练。

面对即将到来的恶战,如果说蒙哥马利对自己和自己的士兵充满信心的话,那么,他对盟军却不那么有信心。当时的习惯做法是,英国的旅要轮流到萨尔前线与法军一起服役。在那里,面对齐格菲防线的德军阵地,至少还有一点战争的气氛。蒙哥马利在 1 月份视察了驻在该地的一个旅,顺便看了看那里的法军。他对他所看到的法军情况感到担心。

5 月 10 日凌晨 3 时,德军入侵荷兰和比利时,考验的时刻到来了。第三师的前进运动进行得像时钟一样准确,当他们于 10 日夜间到达规定地区时,发现比利时第十师仍然据守着分派给他们扼守的防线。也许因为附近没有德军,当时比利时军中绝大部分人都在睡梦中。

于是,蒙哥马利去见比利时将军,请他撤出部队,允许英军防守前线。但他拒绝撤出部队,并坚持说,他奉命防守卢万,没有国王的命令叫他让出防区,他绝不离开一步。

蒙哥马利认为,卢万是通往布鲁塞尔的要塞,这个城市及其附近的高地太重要了,不宜交给只使用骡马运输的比国师防守。当时前面的比利时军队正在迅速溃退,德军正在逼近,这一地区的部队太多,于是他决定把自己的师撤到比利时师的后面,作为预备队而不移动到第二军所在地区。

为了使比利时人撤走而让英军进驻这一地区,蒙哥马利认为最好的方法是拍一点马屁。

当德军进入大炮射程之内时,炮击开始了。蒙哥马利毫不费力地从比利时人手中接管了前线。比利时师退为预备队,然后向北进发,与其主力会师。

德军在对第三师进行猛烈的炮轰和冲击之后,于 5 月 15 日夜渡过迪尔河,攻入卢万车站。第三师奋勇反击,把德军赶出城去。在这次反击战中,近卫掷弹兵团和皇家北爱尔兰兵团表现得非常出色。在整个盟军战场情况越来越令人不安的形势下,第三师却像一块屹立在汹涌急流中的磐石,巍然不动。

5 月 27 日,蒙哥马利接受了一项极为困难的任务,第三师必须在一夜之内越过两千码的战线,移至英军战场的左侧。

填补第五十师和比军之间的缺口。5 月 28 日凌晨,第三师完全进入预定的位置,缺口被填上了。

但与此时,有消息传来说,比利时国王已命令比利时军队在 5 月 27 日午夜向德军投降。于是,从第三师的防区至纽波特之间已经没有盟军部队,而且这空隙长达 15 英里。蒙哥马利赶快采取补救措施。

5 月 29 日到 30 日夜间,第九师潜入敦刻尔克桥头堡左侧的阵地,负责扼守菲尔纳和纽波特之间的运河线。蒙哥马利把指挥部设在拉庞郊区的一片沙丘上。

自从决定向敦刻尔克撤退后,英国远征军每天的作战行动就是击退德军的进攻,向敦刻尔克和海滩逐渐退却。他们不得不丢弃大量重型武器和军械装备,以便尽快从海上撤退。海军的舰只和其他"小船"在海上往返不停,英国远征军的规模逐渐缩小。随着部队的减少,大多数高级将领便被断然地命令返回英国。虽然这样做违反他们的意志,但却是明智的,因为战争还要继续打下去。

6 月 1 日清晨,第二军最后一批环形防御部队撤退,进入敦刻尔克港的环形防御之内。蒙哥马利一直站在沙丘上指挥部队进入敦刻尔克港。次日凌晨 3 点 30 分,蒙哥马利和参谋长、侍从官一起走下沙丘,朝敦刻尔克港走去。

6 月 2 日黄昏时刻,亚历山大已经设法将英国远征军的后卫部队全部撤离敦刻尔克。

敦刻尔克大撤退是军事史上的奇迹。在敌人强大的进攻面前,在短短的几天之内从敌军炮火底下撤出 33.8 万余人,这的确是一次出色的、成功的战役行动。

英国从敦刻尔克撤退后,蒙哥马利在英国本土先后任第五军和第十二军军长、东南军区司令。

1942 年上半年,英军在远东战场节节败退,在中东战场丢城失地,不断后撤,战场形势对英国极为不利。在这危急的关头,蒙哥马利出任英国驻北非第八集团司令,他不仅遏止了德军的攻势,而且在阿拉曼战役中打败德意非洲军团,取得决定性胜利,扭转了北非战场的危急形势。

随后,蒙哥马利率部乘胜追击 1000 多英里,于 1943 年 5 月迫使德意军队在突尼斯投降。

北非战局结束之后,蒙哥马利率部与美军一起转战西西里和意大利,并于 1944 年出任第二十一集团军群司令,负责计划、组织和实施诺曼底登陆战役。

1944 年 6 月 6 日诺曼底登陆成功之后,他指挥第二十一集团军横扫法国北部、比利时、荷兰和德国北。1944 年 9 月 1 日,他被授予陆军元帅军衔。

1945 年 5 月 4 日,在吕讷堡荒原接受德国北方军投降,后任英国驻德国占领军总司令。

1946—1948 年任大英帝国陆军参谋总长。

1948—1951 年任西欧联盟各国陆海空军总司令委员会主席。

1951—1958 年任北约欧洲盟军最高司令部最高副统帅。

1958 年秋退役。曾荣获英国各种高级勋章和外国勋章。

◉ 安度晚年

1958 年,蒙哥马利从欧盟退休。退休之后,他继续参加国际国内政治活动达 10 年之久,到 1968 年才完全退出公共生活。他把精力主要集中在三个方面:一是到各国访问,就国际关系发表见解;二是撰写历史著作和电视广播稿;三是参与国内政治。因此,他不仅会见过斯大林、赫鲁晓夫、铁托、毛泽东、周恩来、尼赫鲁等许多著名政治家,而且写了《回忆录》、《正确判断的方法》、《领导艺术之路》、《三个大陆》和《战争史》5 部著作。

尤其值得注意的是,蒙哥马利元帅怀着对中国人民的友好感情,分别于 1960 年和 1961 年两次应邀访问中国,受到毛泽东、刘少奇、周恩来、陈毅等老一辈革命家的亲切接见。通过访问,他对我国有了较深刻的了解,认为中国革命,清除了内部封建压迫、腐败和外来侵略,使 6 亿人民获得了解放;公开宣称:我拥护新中国,摒弃旧中国;美国拒绝承认新中国,是错误的。

1961 年 9 月他在访问我国时,提出了关于缓和国际紧张局势的三项原则,即:大家都应当承认一个中国;承认两个德国;一切地方的一切武装部队都应撤退到他们自己的国土上去。这三项原则赢得了我国政府和人民的赞同与支持。

1976 年 3 月 25 日,蒙哥马利永远地闭上了双眼,离大不列颠远去,终年 89 岁。

第三章

马背上的灵魂拿破仑

◉ 好斗少年

1769 年 8 月 15 日,法国历史上杰出的伟人拿破仑·波拿巴诞生在科西嘉岛的阿雅克修城。

拿破仑的父亲名叫夏尔·波拿巴,他是科西嘉贵族阶层代表,母亲叫莱蒂齐亚·拉摩琳诺,拿破仑是他们的次子。拿破仑有兄弟五人:约瑟夫、拿破仑、吕西安、路易和热罗姆,姐妹三人:埃利兹、卡罗利娜和波利娜。

波拿巴童年的传闻很多,有热情颂扬他的,也有极其荒谬地责难他的。对于那些编造者出于仰慕或痛恨之情而用种种美德装饰他或把各种罪孽堆于他一身的故事,他往往报以开怀大笑。

1783 年至 1784 年的那一

个冬天特别令人难忘,因为大雪纷飞封闭道路,铺盖山野,积雪深达六英尺至八英尺,拿破仑无法从事他一向最喜欢的那些户外娱乐。游戏时间他别无消遣,只能混在同学之中,同他们在一间宽大的厅堂内来回散步。

为了摆脱这种枯燥无味的踱步,他想出一种新花样:在大院子的雪里扫出通道,建立角堡,挖掘壕沟,垒起胸墙,等等。这次模拟战斗持续了15天,直到大家用掺进了砂粒和卵石的雪弹使许多学生,

围攻的和被围攻的都受了重伤,游戏才停止。

然而拿破仑学习非常刻苦,就在他9岁那年,通过入学考试,进入了法国的奥顿中学读书。三个月后,拿破仑又因祖籍为意大利古老贵族血统而得以公费,送到了法国的布里恩纳军校去读书。

他刚进军校时只会讲科西嘉方言,但这个环境已经引起了他强烈的兴趣。当时的副校长杜布衣,一位彬彬有礼的先生和优秀的语法学家,担任他的法文课。他的这名学生充分报答了他的关切,在很短时间内还额外学完了拉丁文初级教程。但是拿破仑对拉丁文甚为嫌恶,以致15岁才上到四年级。

学生轮流应邀去同校长伯东神甫共同进膳。一天轮到波拿巴享受这项恩典,同桌有些教授知道他崇拜保利,故意在言谈中露出对保利的失敬。"保利,"波拿巴答道,"是个伟人,他爱国;我永远不能原谅我父亲,他当过保利的副官,竟会同意科西嘉并入法国。他应该与保利共命运,随同他倒下。"

在军校,波拿巴不讨同学们的喜欢,他们也不去奉承他。他几乎不同他们交往,极少参加他们的娱乐活动。他的故乡归属法国似乎使他心神不宁,他因此避开同学们的那些兴高采烈的活动。游戏钟点他躲进图书馆,如饥似渴地阅读历史著作,特别好读波里比阿和普鲁塔克的著作。他翻阅阿利安的著作兴味盎然,但对昆杜斯·克提乌斯可不感兴趣。

波拿巴饱受同学们的嘲笑,脾气丝毫未改。他们老喜欢取笑他的名字拿破仑和他的故乡。他没有兴趣学习语文、典雅文学或美术。校中那帮学生竟看不出他会成为学者,往往认为他是个蠢才。

波拿巴固然没有什么理由说他的同学们好,可也不愿告发他们;每逢轮到他查看他们玩忽职守的情况时,他宁可自己投入禁闭也不去揭发犯规者。

就这样,五年时间一满,拿破仑就被保送到了巴黎军校深造。

到巴黎军校后,他发现整个学校富丽奢华,未来的军官们在这里可以享受一切奢华。这里每餐都有两次开饭时间,仆从难以计算,有昂贵的驯马场。

拿破仑生性好动,眼光敏锐,有意见总是侃侃而谈,公开发表。巴黎军校一般是三年毕业。但拿破仑在这里刻苦用功,仅用了一年时间就完成了三年的必修功课。在此期间,拿破仑的家里发生了一件不幸的事,他的父亲因患胃癌英年早逝,时年只有 39 岁。鉴于家庭的负担沉重,拿破仑决定提前毕业。到了 1785 年 9 月,16 岁的拿破仑终于顺利地通过了毕业考试并被授予了少尉军衔。

1785 年 9 月,拿破仑被委任为前往"拉费尔炮兵团"服役的少尉,该团当时的驻地是法国罗讷河上的瓦朗斯。

拿破仑一到这里,按军队的规章制度,首先经历了 3 个月严格的军事训练。他被排在队伍中,开始当炮手,接着当下士,而后当中士,他站岗放哨,担任值日星官。直到 1786 年元月,才正式担任军官。当时他的工作很艰苦,薪金却很微薄,年俸只有 1120 法郎。这点收入使他仍远离不了贫困。

但是,收入的微薄减少不了他对炮兵职业的热爱。他怀着满腔热忱投入普通的士兵生活中。大部分的时间都用在了学习上。他曾关在房子里,认真地攻读过卢梭《社会契约论》、《爱弥儿》、《新爱洛绮丝》和《忏悔录》。这些著作为他后来进一步研究人类社会和政府做了一些准备。

拿破仑在拉费尔炮团服役了一年之后,终于被批准获得了半年的探亲假。1786 年 9 月 15 日,他踏上了阿雅克修的码头,回到了阔别了 8 年的故乡。在旧居,他热情地看望了母亲和弟妹们。森林的浓郁香味,日落沧海的黄昏景色,山区居民幽静而自豪的超然独立生活,所有这一切都使他着迷了。

当狂热的乡情渐渐平静下来后,他开始考虑家庭大计了。

此时他家的生活已十分拮据。因为他的父亲在去世之前,曾经从事本来就不那么可靠的投机生意。现在,如果法国政府不肯表示宽容大度的话,那笔投机生意就可能使他一家倾家荡产。

拿破仑希望能从法国财政部门索取他家应得的款子中的一笔钱,于是,在获准延长休假之后,他就直奔巴黎。在巴黎他到处活动求情,却没有取得任何进展。最后只得回到科西嘉又度过了半年时光,并在家乡搜集资料,准备编写一本《科西嘉历史》的著作。

在过完休假期之后,拿破仑又回到了拉费尔炮团。

该团此时已调至奥松驻防。

在奥松他生了一次病,变得十分瘦弱。身体好转后,他便到炮兵学校上课。校长是泰伊将军,他对拿破仑早熟的才能极为赏识,主动要了他,并让他负责好几个试炮场。在工作中,拿破仑还结交了诺丹、加桑迪上尉等青年军官。

在奥松,他查阅资料做了大量笔记。这些笔记涉及大量名著:孟德斯鸠、罗兰、马布利、米拉波、马蒙帖尔、比隆等人的作品。他对文学的兴趣也很浓,看过高乃依、拉辛、伏尔泰的剧本,还读过《德·科曼热伯爵》、《雷斯蒂夫的同代女人》、《保罗与维吉妮》、《印第安茅屋》等大量小说。

拿破仑除了读书之外,还常常下笔千言,一泻千里,他主要是写些有关炮兵的观测和报告。他曾向严厉而又和蔼的泰伊校长呈上一份关于炮弹射程的备忘录,他那严密的逻辑性和计算的巧妙令将军喜出望外。

然而,就在这期间,法国的局势变得动荡起来。1789 年的法国大革命,使巴黎接二连三地发生了震撼全国的大事件。搅得人心惶惶。此时,拿破仑十分关心科西嘉的前途。他乘动乱松散之际,向上司请了假,匆匆向家乡阿雅克修进发。

回到科西嘉后,他发现这里什么也没有改变。只是法国的国民议会通过了一项决议:允许 1768 年以来流亡在外的科西嘉岛爱国志士们回到家乡并全面享受公民权利。这项措施软化了许多科西嘉岛人对法国征服者的情绪。

不久,拿破仑的假期满了,他带着弟弟路易,回到了奥松。此时他已晋级为中尉。

1791 年秋,拿破仑再次休假回到科西嘉,在该岛一直住到 1792 年 5 月。在此期间,他费尽心机,软硬兼施,成功地在岛上的国民自卫军里当上了中校。然而,因为成功冲昏了头脑,导致他干了一件蠢事。他企图让他所辖的志愿军营占领阿雅克修城堡。但驻军顶住不干,当地居民也反对拿破仑这样干。拿破仑受到大多数岛民的谴责,于是他不得不又返回法国。

到了巴黎之后,他加紧在各军事部门活动,熄灭了阿雅克修事件对他的不利影响,最后使官方不但没有追究他的行为,反而重新任命他当了上尉。

1792 年 6 月 20 日,在罗亚尔宫附近圣奥诺莱街看到大批暴徒向市场方向逼近,波拿巴估计有 5600 人。这是一群无赖恶棍,携带五花八门的武器,一边迅速拥向杜伊勒里宫,一边用不堪入耳的话大声叫骂。

这批暴徒似乎是由郊区居民中最卑贱最放荡的人组成。他被激起的惊骇和愤慨之情难以形容。他说,这样的怯懦和忍让是不可原谅的。等到国王头戴一名暴徒刚给他戴上的小红帽出现在面向庭院的窗口时,他再也抑制不住愤怒了:"疯了!"大声呼喊道,"他们怎能放进那个坏蛋! 他们为什么不用大炮轰掉那四五百人! 那样其余马上就会逃散了。"

这时,驻在科西嘉岛的法国志愿军与岛上的国民自卫军正准备联合进攻撒丁岛。拿破仑一回来,就受命指挥一营兵力配合攻岛战斗。但此次作战,由于指挥官科洛纳·塞沙里指挥失当和"拉福韦特"号军舰的海军不执行命令而失败。

拿破仑从科西嘉逃出后,重新又回到了他的炮兵团。他的老首长的兄弟让·德·泰伊当团长。拿破仑当了他的副手。不久,收复土伦的命令下达,当时土伦已投靠国民公会恨之入骨的英国人。拿破仑被调任收复此失地。

从此拿破仑时来运转。这位聪明的青年炮兵指挥官到土伦港后,没花多少时间就看出了整个土伦要塞的关键是控制内外两港的拉塞因半岛。为此,在这里展开了激烈的战斗。

土伦战役以法军的胜利而宣告结束。这次战役沉重地打击了保王党分子及其反法联军,同时也使拿破仑的卓越指挥才能得到了显现。

由于众将军的一致推崇,年仅 24 岁的拿破仑,即被国民公会正式任命为炮兵准将,当时是 1794 年 9 月 14 日。1796 年 3 月 9 日,拿破仑与贵妇人约瑟芬的结婚仪式在巴黎当丹街的市政府里举行。

3 月 21 日,波拿巴离开巴黎,去马塞匆匆探望他母亲后,兼程赶到尼斯的司令部。

这回他热情满怀,决心大显身手。有一名督政对任命他为司令有些犹豫,对他说:"你太年轻了。"拿破仑笑道:"一年之内我不变老便当战死。"这位督政对拿破仑年纪过轻还有些放心不下,在五月初提议任命阿尔卑斯方面军的司令克勒曼为意大利方面军副司令,波拿巴对此甚为不满。

这次远征目标有三个:第一,迫使已经丧失萨伏衣和尼斯,但仍在皮蒙特边界上保持一支强劲军队的撒丁国王背弃同奥地利的联盟。

第二,大胆侵入伦巴第,迫使奥地利皇帝在那个地区疲于奔命,以便削弱一直徘徊在莱茵河一带的各军。如果可能,还要鼓动奥皇的意大利籍臣民采取革命行动,摆脱枷锁,永远解放自己。

第三个目标虽然比较遥远,却是同样重要的。督政府认为罗马教会的影响是法国保王主义事业的主要支柱,尽管这是秘密的。所以要迫使梵蒂冈变得无能为力,至少迫使其屈服并默不作声,看来这是使法国国内保持平静必不可少的。

拿破仑攻入意大利繁华区域的计划与古来所有入侵者都不同,沿着山障和地中海之间的狭窄平坦的地带推进,在阿尔卑斯山脉尽头亦即亚平宁山脉开端的最低处强行通过。他刚着手向这个地区集中兵力,奥地利将领博利厄就采取各项措施以保卫热那亚和意大利的门户。他带领军队坐镇距热那亚不足十英里的沃尔特里镇,派阿根陶率领另一支奥军驻诺泰山,又命科利带领的撒丁军进占切瓦——这样就构成联军全线的右翼。

4月10日阿根陶兵临诺泰山,在蒙特列则诺袭击诺泰山和诺泰村前的法军堡垒。同时,塞沃尼将军和法军前锋在沃尔特里附近受到博利厄的攻击,被迫后撤。全靠在蒙特列则诺指挥作战的朗蓬上校坚毅勇武,使阿根陶从 10 日到 11 日一直陷于困境。波拿巴对监视住博利厄感到放心,决定把有实效的一击对准敌军阵线的中央。

11 日夜晚,各路队伍一齐向蒙特列则诺进发,12 日拂晓阿根陶正准备再次进攻蒙特列则诺时,发现他要对付的已不仅是朗蓬的队伍了,法军队伍已开到他的背后、他的侧翼,并集结在蒙特列则诺工事的后面,一句话,他已陷入重围。他被迫在山岭间撤退,丢弃了军旗和大炮,1000 人战死,2000 人被俘。联军阵线的科利将军甚至还意识不到战斗正在进行时,阵线中央已彻底溃败了——这就是诺泰山战役,拿破仑参与指挥的首次战役。

首战告捷的第二天,他下令对奥军阵线发动总攻。

奥热罗带领一师队伍在左翼进攻米列西莫;马塞纳率领中军朝向迭戈;指挥法军右翼的拉加尔普则按计划包抄博利厄的左翼。

波拿巴乘胜追击,分隔了奥军和撒丁军,再次击败这两支敌军。战胜的法军进占距都灵不足 10 英里的凯拉斯科,在该地提出允许撒丁国王保留少许君主权力等条款。

拿破仑在不到一个月的时间就打开了意大利的大门。他击败了人数远远超出己方的敌军,使其伤亡和被俘达 25 万人,缴获 80 门炮和 21 面军旗,打得奥军一蹶不振,撒丁国王的军队全部覆没,从撒丁国王手中夺取了号称"阿尔卑斯锁钥"的两大要塞科尼和托尔托那——实际上是夺取了其版图以内除都灵外的重要地点。

那位不幸的君主受不了这样的奇耻大辱,不久就抑郁地死去了。

罗韦雷托之战(9 月 4 日)是拿破仑最光辉的日子之一。法军在拿破仑的领导下热情高涨,所向无敌。奥军虽凭非凡的韧劲固守营垒,可还是挡不住法军的进攻。

◉ 东方迷梦

1798 年 5 月 9 日,拿破仑率领大船队从土伦起航了。

6 月 10 日,拿破仑的船队平安抵达马耳他岛,并且和平占领了这个岛。

7 月 1 日上午远征舰队到达非洲海岸,他们根据塞维琉斯纪念柱认出了亚历山大港。波拿巴决定立即登陆。海军司令根据天气状况提出反对,主张再等几小时,而且断言几天内纳尔逊天气不会转好。但是总司令严词拒绝,并说:"时间紧迫,命运只给我三天时间,如果我不充分利用,我们就失败了。"于是海军司令发出讯号:全体登陆。由于波涛汹涌,克服了很大困难才得以完成登陆,还有许多人溺死海中。

7 月 7 日波拿巴离开亚历山大港去德曼胡尔,行军途中不断受到阿拉伯人的袭击。沙漠中本已稀少的水塘和泉眼不是被他们堵塞便是下了毒,士兵们感到渴得难受。

7 月 10 日,波拿巴在拉马哈涅设立司令部,11 日和 12 日他们继续留在该地。亚历山大开凿的运河从这里开始,向他新建的城市输水,并且便利了欧洲和东方的商业来往。

波拿巴把那些不能用来作战的非军事人员安置在塞夫号的其他船舰上,腾出马匹来驮运部分士兵。

7月13日夜间沿尼罗河岸向南进发,分舰队沿河行驶。与军队左翼并行途中遇到从开罗驶来的七艘土耳其炮艇和两岸布列的马木留克兵、费拉和荷短枪骑骆驼的阿拉伯人的炮火射击。两军交战后直到7月23日,同陆军没有联络。

7月22日士兵们望见了金字塔,并且估计距金字塔所在的要塞仅有五公里路左右。前方正在激战,尼罗河岸上抛下了成堆死尸,时时刻刻被波浪冲刷到海里去。这种恐怖景象说明,这里发生了一场对于马木留克兵致命的战斗。

法军排成方阵等候马木留克兵来攻。马木留克兵发出狂野的呼喊,以猛不可挡之势袭来,千方百计要突破对手的密集行列。他们让战马往法军士兵身上扑去。

他们被法军的坚定不移激怒了,那些负伤跌下马的还在沙漠上爬行,不肯屈服,但什么也动摇不了法军,刺刀和不断轰鸣的步枪射击逐步扫除了周围的敌军,最后波拿巴前进了。他逼近敌营时,敌人无不惊惶万分,他们抛弃工事,成百地纵身跳入尼罗河,有大批人溺死。拿破仑的威名传播到了东方,使人胆战心惊。被人称为"炮火之王"的拿破仑被认为是命定的上帝之鞭,是无法抵抗的。

法军向开罗进军途中不断作战并取胜,他们赢了立马哈涅之战、歇勃雷思之战和金字塔之战。马木留克兵被击败了,他们的头目穆拉德巴依被迫逃往埃及。经过 20 天战斗后,埃及首都便全无障碍了。波拿巴一到开罗就投身于埃及的民政和军事组织工作。

但这时,拿破仑从一份报纸中获悉,法国国内局势正急转直下,法军在意大利和德国分别被奥军和俄军击败。

法国民众惊惶不安,"祖国处于危险之中!"拿破仑立刻想到了一个好借口。

于是决定返回法国。他声称要赴埃及视察,于 18 日悄悄离开了开罗,走时带了一批精选的人才。

22 日来到亚历山大港,当晚即登上早已备好的快速炮帆船。凌晨,这艘炮舰驶离港口。

◎ 就任第一执政

8 月 23 日,法军登上了三桅舰米隆号和加利埃号,人数只有四五百。他们很快到达撒丁岛,沿西岸航行,与陆地保持适当距离。拿破仑怕碰上英国舰队,打算登岸,再去科西嘉,等待有利时机再回法国。

波拿巴失去了四名侍从武官:克鲁阿泽、苏耳考夫斯基、于连和圭贝。卡法雷里、布律埃斯、加撒比安卡也没有了。海上满布敌人的船舰,时刻都有被俘的危险,波拿巴不断在甲板上踱步,监督他的每道命令的执行情况。出现一片再小的帆影也会使他陷入不安。他一直担心成为英国人的俘虏。

在成功地逃脱了英国舰队的追逐之后,1799 年 10 月 8 日上午八时进入法国弗雷儒斯湾。海员中没有人熟悉这段海岸，他们不知道身在何处。岸上事先不知道他们要来，而讯号在他们出国期间又更换了，他们无法回复。炮台向他们开了几炮，水面上立刻激起了冲天水柱。在炮声间歇时，忽听到两声尖锐而又高亢的声音："我是拿破仑·波拿巴，我回来了！"

波拿巴回来一事在法国和欧洲产生了巨大的反响。他被指责破坏了卫生条例。他本想绝对服从通常的隔离手续，但是弗雷儒斯的民众不答应。他们是完全被抬上岸的。他们一想到从疫病猖獗的亚历山大港来的这 500 人和一批货物的上陆，就觉得法国和欧洲从这样的天灾中保全下来真是出奇的幸运。

波拿巴在返回巴黎的路上，无论城填乡村，他都同在弗雷儒斯一样受到难以形容的热情欢迎。

人人感到迫切需要把国家权力集中到一人之手，同时保持那些适应时代精神和才智的制度。国家正在期待一个能够恢复安定的人，但是迄今还没有这样一个人出现。

波拿巴，作为一个遍身荣耀的幸运军人出来了。他的一切条件都适合选举他作为最能使法国国家伟大、幸福并建立公众自由的人选。

而拿破仑也明白，伸手抓权的最好时机现在已来临了，在他头脑里不断思考的计划中，无疑有了升任法国政府首脑的计划。

10 月 16 日，拿破仑抵达巴黎，这里的欢迎场面更沸腾到了顶点。到达的第二天,他拜会了督政府,晤谈很冷淡。

在督政府中取得一个席位成了波拿巴的首要意图。

但是这一点,他的年龄是无法超越的障碍,无论他怎样努力克服也是徒然。当他的意向被人知道后,那些认为他就是自己寻觅已久的对象的人,立即聚集在他周围。这些人在各自范围里都是有能力有势力的。

然而,波拿巴信任的只有少数人,他的计划只告知那些为成事所必需的人。其余的只是亦步亦趋地追随他们的领头人,消极等待为收买他们而许下的诺言的兑现。即将演出的这出伟大戏剧的各个角色都已分派停当。

1799 年 11 月 9 日(雾月 18 日)上午,所有忠于波拿巴的将领都会集到他家。但谁都还没有意识到这一天对法兰西是个多么重要的日子。那天元老院早在上午七时就在杜伊勒里宫集会了。共谋者之一当即宣布,救国需要强有力的措施,于是提出两项法令要他们接受:其一是立法机关的会议应立即迁移到距巴黎数英里的圣克卢庄园去举行;其二是把包括国民自卫军在内的首都内外所有部队的最高指挥权授予拿破仑。

两项提案当即通过了,几分钟之内,波拿巴在他的武装伙伴的簇拥下接受了授予他的新职,随后立即上马离去。

这时波拿巴在一队掷弹兵护卫下进入大厅,兵士们就留在大厅门外。他想在会上讲话,但是他的话音淹没在"共和国万岁!宪法万岁!打倒独裁者!"的呼声中。波拿巴退到掷弹兵那里,他的兄弟、议会主席吕西安也在场,士兵们迟迟不敢行动。

吕西安拔剑高呼:"要是我哥哥胆敢损害法国人的各项自由,我誓把这剑插进他的胸膛。"这个戏剧性举动完全成功。士兵们听了这句话,犹豫顿时消失。拿破仑发出讯号,掷弹兵冲入大厅,逐出所有的代表。一切都被迫拜倒在刺刀的逻辑下。

就这样,在拿破仑的精心策略划下,终于如愿以偿地成立了执政府,第一执政。

在收拾督政府烂摊子、开创出新景象这个问题上,拿破仑充满信心,他深知笼络人心的最好机会,就是提出和平的前景,因为和平总是民众向往的目标。波拿巴深知这点,即使他内心愿意战争,他也知道表现和平倾向及和平对于他有多么重要。

拿破仑为建立中央集权体制,企划制定了一个新宪法。并利用新的宪法形式,将集权的愿望"光明磊落"地公布于世界了。后来他又编写了了不起新法典。他的提议得到了广大民众的支持。因为当时的法兰西在法律上还是一片空白,婚姻、家庭向来受制于宗教教会,所以民众也盼望有新的法律问世。这部法典的问世,拿破仑有着不可磨灭的历史功绩。

此外,他还十分重视教育,尊重知识和人才。

至此,波拿巴在为法国国内的安宁做了大量有成效的工作之后,又开始着手结束法国国外边境激烈进行了许久的战争。

加冕大典

马伦哥一役,使法国反败为胜,在经过一段长时间的谈判之后,法国与英国于 1802 年 3 月 25 日正式签订了亚眠和约。

该条约的签订,更有利于稳固拿破仑的政权统治。拿破仑在暂时缓和对外关系的同时,还及时剪除了国内的反对势力,这些措施都大大加强了他的独裁统治。

政治上的障碍逐渐被克服后,拿破仑便进一步想当皇帝了。他要求他周围的人除做好自己的本职工作外,还要为他的皇帝梦摇旗呐喊,于是他马上呼吁元老院建议。

元老院都明白,任何一个人也不可能在这种情况下,去冒拿破仑之大不韪了。于是元老院率先提出了要求拿破仑登基做法国的皇帝,并且像模像样地说这是人民的呼声,是为了法国和平安定局面的世代长久。

接着立法院、保民院对此建议也给予了热烈的鼓掌与赞同。

1804 年 5 月 18 日,经元老院通过,并由公民投票选举,以三百多万票赞同、两千多票反对的悬殊,使拿破仑圆了自己的皇帝梦,成了法兰西人的皇帝。

拿破仑当了皇帝之后,授予了他麾下的 18 员军官为帝国元帅头衔,其中现役 14 名,另有 4 名是年事已高的退役老将。

另外,拿破仑还对自己的一家人给了封赏,妻子约瑟芬封为皇后,母亲莱蒂齐亚、妹妹埃利兹和卡罗利娜封称殿下,约瑟夫成了大选帝侯,路易成了要塞司令,欧仁被任命为轻骑兵上将,奥坦丝成了亲王夫人。

加冕典礼于 12 月 2 日举行。加冕仪式灿烂辉煌,富丽堂皇。人们从欧洲的四面八方赶来,出席观看如此盛况空前、无与伦比的非凡表演,人人争相一饱眼福。

烦琐的登基仪式整整进行了 4 个小时。有趣的是,按常规给皇帝加冕本应由教皇来作,而拿破仑觉得他的皇冠不是上帝的赐予,而是用自己的剑拼搏出来的。当教皇为他敷过圣油之后,他一把从祭坛上亲自端起皇冠,像古代的恺撒大帝那样戴在了自己的头上。

接着,他又把另一顶皇后的皇冠,拿起来戴在了约瑟芬的头上。法兰西的历史上,从此有了第一位法兰西籍的皇后。

拿破仑称帝之后,喜爱仗义疏财,馈赠好施。凡是他的老朋友,凡是在他政治、军事生涯之初,曾让他感到满意的人,都从他那里得到了地位、名誉、头衔、生活费。

有一次,拿破仑踌躇满志地旧地重游,来到了他早年读书的军校布里埃纳市。他在参观破旧不堪的旧军校的时候,会见了他往年的几位老师,并解决了他们的生活问题。

第二天一早,当拿破仑打听到军校附近的玛格丽特大妈还活着的时候,他又惊又喜。他骑着马飞奔到林子中央的一间茅屋前,然后翻身下马,进了老人的家。老人年岁已大,视力不好。拿破仑见面就道:

"您好,玛格丽特大妈。"

玛格丽特一愣,没有认出他是谁。

"您不想见到皇帝吗?"拿破仑又问。

"不,我的好先生,我想见得很哪!我已经准备了一小篮子的鲜鸡蛋,这就要送去给布里埃纳夫人,然后在城堡里设法见到皇上。"

"怎么,玛格丽特大妈,您没有忘记波拿巴?"

"忘记？我的好先生,你认为能忘记这样一个聪明认真,有时有点忧愁的小伙子?他对穷人始终是善良的。我不过是个农妇,但我早就说过,这个年轻人会有出息的。"

"他干得不错,是吧?"

"啊,当然不错喽。"

谈话的时候,皇帝起初背朝着大门,可是后来,他渐渐靠近老人,当他站到她身边时,外边的光线照亮了他的脸,他开始搓起手来,并模仿着他早年到农妇家来的说话方式和嗓音说道:"快,玛格丽特大妈!拿牛奶、鲜蛋来,我们都快饿死啦!"善良的老妇似乎在竭力回忆,她仔细打量眼前这个人。"啊,好极了!大妈,您刚才不是说得很肯定,能认出波拿巴的吗?我们是老相识了,我们俩。"

在拿破仑说这几句话时,农妇跪到了他的脚下,他极其恭敬地将她扶起。对她说:"说真的,玛格丽特大妈,我的胃口仍像小学生一样好。您没有什么好东西给我吃吗?"高兴得不知所措的老人赶紧给他拿来了鸡蛋和牛奶。拿破仑把这些东西吃完,就递给老人一包金币说:"玛格丽特大妈,您知道我喜欢付自己的膳食费。再见了,我不会忘记您。"

拿破仑跨上马背时,站在门槛边的慈祥的老妇流着高兴的眼泪喃喃地说,她一定为他向上帝祈祷。

像这样慷慨的布施还有过许多次。拿破仑的同学和许多战友也都因他而富有起来。

甚至那些曾对拿破仑造成痛苦的人也没有受到他的报复。

在拿破仑看来,对于并非世袭而登帝位的人来说,应以宽大为怀、慈悲为本,他必须给人实惠方能要根深叶茂,这倒是事实。

但他也往往因此大手大脚,没有个控制数目,尽管他对自己的开支,有时候甚至叫人想起他母亲的吝啬,但他喜欢开恩布施,以周济赏赐为乐事。他不能忍受别人对他感恩戴德,总是把上门谢恩之人急忙打发走,仿佛故意抵制激动之情;他同别人一样,感情太容易激动了,但他高人一头,感情上也要与众不同。

拿破仑对他的元帅、将军、高级官员、大臣们,更是慷慨大方,赏赐无量。

他们的年俸以及从皇家金库那里得到的额外奖赏,与拿破仑兄弟姐妹们的堆金积玉的巨大开支不相上下。拉扎尔、朱诺和拉普,总是钱不够花,他们便向拿破仑诉放荡荒唐之苦,拿破仑每次都为他们还清了债务。他们都有了豪华的公馆、别墅,个个都是百万富豪,甚至包括那些与他分庭抗礼的人。

拿破仑要求他们要有高门鼎贵的豪华气派,一方面能使他的统治大放异彩,向欧洲乃至世界炫耀帝国繁荣昌盛,另外还可以使法国的工业、商业、人民生活从中得益,进而使全国物阜民康,欣欣向荣。

◉ 王朝结束

然而,好景不长,拿破仑不顾举国上下的反对,于1811年底,着手准备征俄战役。

1812年2月26日,法国与普鲁士签订了同盟条约,3月又与奥地利签订了同盟条约。对于其西部边界的这种新的威胁令沙皇惊慌不已。

4月24日,他要求法国撤走在普鲁士和西里西亚要塞的驻军。拿破仑拒绝了沙皇的这一要求并开始集结部队。

5月9日,他与皇后一起离开巴黎,并于5月16日在德累斯顿设立了他的大本营。其后两周他开始调兵遣将,将大军团部署在维斯杜拉河一线。

战前,拿破仑动员时对士兵说:"亚历山大在提尔西特和约中发誓与法国同盟,但他背信弃义,磨刀霍霍,无视诸将士的英勇果敢,我们不能容忍俄国的行径,他们会完蛋的,他们在你们的刀枪下会发抖的!前进吧,士兵们。打到俄国去,打掉他们的嚣张气焰!"

至此,拿破仑已集结了欧洲历史上最强大的兵力,总计达51万人。5月29日,拿破仑在德累斯顿起程。

但是,他万万没料到的是在俄国打一场冬季战役。他计划在夏季就要将俄军主力在维尔纳附近击败,结果到了俄国却陷入了一场灾难。

半个多月后,拿破仑从普鲁士边境进入俄国国境。一路上,法军未遇抵抗就渡过了涅漫河。

6月28日,拿破仑来到维尔纳,前几天沙皇从这里刚刚撤走。拿破仑原打算包围巴格拉季昂的军队，而用主力与其决战，将巴克莱击败。但此计划却由于拿破仑的弟弟热罗姆指挥部队行动迟缓而未能实现。

此时的俄军却继续东撤，避而不战。拿破仑却在维尔纳滞留了18天。由于受热浪和大雨袭击，部队苦不堪言，痢疾也开始流行。由于燕麦不足，只好给骡子喂黑麦，结果使大批军马患病倒毙。法军100门大炮和500辆弹药车被迫抛弃。

7月28日，拿破仑抵达维捷布斯克，此时他的实力已减至23万人。而俄军此时又已退至斯摩棱斯克。法军赶到这里，与俄军终于接火。8月16日，法军发起猛烈攻击，但遭到城内俄军的顽强抵抗，双方损失惨重。17日，俄军撤离该城，法军继续进逼。

眼看法军即将兵临莫斯科，沙皇开始坐卧不安。

9月5日，法军大部队来到博罗季诺村。俄军随即阻住了其去路。第二天，拿破仑对俄军阵地进行仔细观察之后，命令部队准予攻之阵地。

9月7月上午，法军开始猛攻，经过炮火轰击后，步兵向山头主阵地发起冲锋，俄军随即给予还击。经10多个小时的激战，双方都损伤惨重，法军伤亡了约2.8万人，俄军则达四万人。

随后，法军又占领了莫斯科。进城后拿破仑才发现，这里是一座空城。入夜之后，由于法军和俄国酒徒的劫掠，城内四处起了火,这场大火足足烧了 4 天 4 夜才熄灭,昔日繁华的莫斯科烧成了废墟,许多高楼大厦成了断垣残壁,只有克里姆林宫幸存未被烧。

拿破仑感觉在这座被烧的城市无法久待,因为集结在莫斯科附近的俄军在随时准备袭击。法军中不少高级将领对日渐迫近的冬日都颇为恐惧,于是纷纷建议撤出莫斯科。

拿破仑此时希望与沙皇谈判达成和平协议,他派特使几经周折找到库图佐夫,谁知这位总指挥却不加理睬。拿破仑处于进退两难之地。

10 月 8 日,拿破仑的军队在离莫斯科 50 英里的地方又受到俄军突袭,伤亡了不少士兵。拿破仑终于意识到莫斯科不可久留,随即下令大军团开始撤出此地。

由于冬季的来临,拿破仑大军团的撤退,部队行动渐渐地变成了一个做不完的噩梦。大军团的兵力已锐减至 6.5 万人,其中包括 1.5 万骑兵。

现在,不仅侧卫,甚至主力纵队每天都会受到哥萨克骑兵的袭扰,他们对每一个掉队者都不留情。法军被迫放弃许多伤员,连满载着战利品的运输车也都甩掉了。

由于库图佐夫穷追不舍,结果 11 月 3 日两军在维亚泽玛恶战一场,法军伤亡 5000 人。

11 月 5 日,天降大雪。这就更加剧了撤退的困难。由于法军未像俄军那样在马蹄上加钉防滑钉,以致法军战马越过冰的江河湖沼时,常常摔断马腿。

11 月 9 日,拿破仑到达斯摩棱斯克,大军团残部到 13 日也相继汇集那里。此时法军生还者仅 5 万人,骑兵所剩战马无几。此外尚有 200 门火炮被丢弃。

11 月 14 日，拿破仑率部离开斯摩棱斯克。

11 月 16 日，欧仁的前卫在克拉斯诺被库图佐夫所阻。拿破仑到达后，将近卫军和达武军拉上去，才将俄军击退。

经过艰难的跋涉，12 月 18 日夜，他终于回到了杜伊勒里宫。

然而，拿破仑是个永远也不认输的人，远征俄国失败后，他依然自信地认为，打败他的只是冰天雪地的自然条件，而不是他的疯狂扩张和几近跋扈的自信。拿破仑认为，战争如同下棋，偶尔损失一下，不会影响全盘，最终的胜利一定属于他的。

他没有预料到，欧洲的反法浪潮已日渐高涨。

拿破仑的军事之才，最终为其政治野心葬送了。

在此后的战争中，拿破仑节节失利，国内的局势动荡不安，就这样，曾经辉煌璀璨的王朝就这样结束了。

拿破仑被迫同意退位后，他的周围变得冷冷清清了。他的退位诏令于 1813 年 4 月 12 日刊登在《箴言报》上。

拿破仑同意按照盟国批准的条约去厄尔巴岛，请求联盟国家各派一名专使陪送他到上船的地点。

4 月 20 日，拿破仑在俄、奥、普、英的监护和千余骑兵的簇拥下，开始向厄尔巴岛进发。去过那种名为皇帝，实为囚徒的生活。上午 10 时拿破仑的车驾准备停当，御林禁卫军在枫丹白露宫的名叫白马场院的广场排列成行。镇上和附近村落的全体居民齐集在宫廷周围。拿破仑传召科勒将军,并为不准玛丽·路易莎陪伴他而口出怨言。

21 日晚,拿破仑宿在奈弗尔,他在此地仍然受到百姓的欢呼。这里的百姓同另外几个镇市一样,在为逊位皇帝驾临而发出的热情呼声中夹杂了对各盟国专使的咒骂。他于 22 日晨 6 时离开奈弗尔。禁卫军不再是他的护送队伍,拿破仑也听不到"皇上万岁!"

不久,反对执行拿破仑退位条约的人反而为拿破仑离开厄尔巴岛提供了借口。拿破仑在厄尔巴岛登陆后,百姓和军队热情地迎接了他。拿破仑刚一登陆,路易十八国王在杜伊勒里宫遭受了围攻。

拿破仑在厄尔巴岛构思了返回巴黎的计划,他一到法国即命令他可以领导的元帅死守法国的大门和往巴黎的通道。在途中,拿破仑奇迹般地避开了英法舰只的监视,于 3 月 20 日夜间进入巴黎。但是他对于第二次在位的时间的长短没有把握。维也纳获知波拿巴的企图时,路易十八指令他的全权代表捍卫和支持正义原则与国际法,以便确保各方的权利并防止新的战争。

拿破仑再次进入杜伊勒里宫以后,马上着手准备抗击对付他的庞大同盟。波拿巴在卡纳登陆时法国军队人数达 17.5 万千人,兵员大大减少了。还能在 5 月份之内集结 37.5 万名武装士兵,包括由 4 万名精选的老兵组成的御林卫军,他们装备精良,纪律严明,还有一支人马众多的优秀骑兵,以及一长列数量成比例而质地优良的大炮。他还竭力用外交手段劝说联盟各国承认法国领土完整,可是毫无成功希望,因此他准备打仗。他无心在国内坐待敌军进攻,可是内政事务的状况又不允许他马上开始军事行动。他面临的各种困难若在往日是不至于使他迟疑不战的。所以,6月1日在五月广场主持了盛大集会,3天后又为两院的会议揭幕之后,于6月11日晚才离开巴黎前去指挥军队。

军事行动于6月15日上午开始,是后来的滑铁卢大血战决定了这次战役和战争的全局。

拿破仑3月1日在卡纳登陆的消息于9日传到布鲁塞尔。保卫比利时的准备工作迅即着手进行。克林顿将军麾下的英国部队随同盟军集中到艾特·蒙斯和土奈附近。这几处和伊普累、根特以及欧登纳德等地奉命根据情势进入防御状态,残存的旧日堡垒都尽量利用起来了。还增加了新的工事,并且利用了比利时巨大的防务系统。

6月14日夜法国军队分三部分尽可能接近边界扎营并不让普鲁士军察觉。其左翼在哈姆苏厄雷;中心在布蒙,也是总部驻地;右翼在腓力维耳。

6月15日凌晨3时,法国军队分三路纵队越过边界,分别朝向马香纳、夏勒罗和夏提勒。普鲁士军前哨迅即被驱走,然而普军有3个据点顽强地据守到11点,直到齐特亨将军进入奇利和戈

塞利斯的阵地足以遏止法军推进时为止,然后遵照布吕歇尔元帅命令缓缓退往弗略留斯,让他有时间集结军队。

15日夜,法国军队又组成三路纵队:左路在戈塞利斯,中路在奇利,右路在夏提勒。当晚普鲁士军的两个军团占领了松勃雷夫的阵地,在那里会合第一军团,占领了圣阿芒、勃里和利尼。因此,尽管法军在时间极端重要的关头竭尽一切努力也只能在将近15小时的白天推进约15英里。齐特亨的军团损失很重,但是完成了命令。因此布吕歇尔元帅得以在15日早把他军队中的第三军团计8万人聚集在阵地上,他的第四个军团正在行军途中,当晚可同他会合。

16日的战斗对法军并未产生重要后果,英军击退了对加特—勃拉的进攻,使他们在滑铁卢面临法军再次进攻时信心更高,而对于法军效果则相反。普鲁士军团18日抵抗格鲁希的优势兵力的态度,也说明普军的信心足。联军各元帅执行他们事先商定的防务计划,尽力摆脱遭到突然猛攻和分别指挥所增加的困难。

17日上午,英军仍然据守加特—勃拉,其余的军队与威灵顿公爵会合,如果普军据守利尼阵地以支持威灵顿的话,他们打算守住那处阵地抵抗法军。

布吕歇尔元帅曾派一名副官通知公爵撤退,可是副官不幸阵亡,所以威灵顿公爵直到17日7时才得知普军的去向。普军从容地退向华弗雷,其后据守有勃里,到17日凌晨3时才撤出,普军的后撤行动使得英军也必须后撤。10时全军分三路撤向滑铁卢阵地。

联军抵达圣让山前面的阵地后,进入了他们所要据守的地面。这时气候变得异常恶劣。波拿巴统率的全部法军,除格鲁希指挥的两个军团外,也都进入了联军对面的阵地。炮轰一阵之后,两军在夜间处于对峙状态,大雨如注。威灵顿公爵已同布吕歇尔元帅取得联系,布吕歇尔答应于 18 日晨率全

军来援。随后决定固定圣让山阵地以掩护布鲁塞尔。联军各首领的意图是,18 日不遭遇战斗则将于 19 日进攻法军。

18 日早晨和半个上午法军不知何故处于毫无动静状态。大雨必定妨碍了他们的行动,尤其使得大炮难以进入阵地。12 时法军数路纵队以大批轻装部队打头阵进攻胡戈蒙,开始了战斗。

这次以"小时"计的短暂战役是一次联合作战。

由法国最伟大最能干的首领指挥的法兰西前所未见的优秀军队再不存在了,拿破仑曾经指挥过的虽然人数不算最多却是最精锐的军队全部覆灭。逃出战场的那部分军队混乱不堪地向法国边境逃命,到了劳翁才重新聚在一起。拿破仑本人继续前逃到腓力维耳,他想在这里接过格鲁希那个师,但是盛传这个师也已被消灭,格鲁希将军被俘。这些报道使他放弃了原来的目的,继续前往巴黎,带去自己失败的消息。20 日晚拿破仑回到爱丽舍宫。

两院匆促集会,通过一连串决议:第一,宣布国家处于危险中;第二,两院的会议为经常性的;第三,部队有功于国家;第四,国民自卫军应予召集;第五,请各大臣出席会议。这些

建议显示了代表院的忧虑,他们唯恐再被武装部队解散,同时宣布他们的意图是要在公共事务上做主而再不顾什么皇帝。除了认为不够成熟的第四项外,各项决议都经采纳。

代表院自行组成为秘密委员会,各大臣向委员会和盘托出惨祸的情况,宣布皇帝已任命科兰古、富歇和卡尔诺为专使同联盟各国议和。共和派议员直截了当提醒各大臣,他们缺乏可据以谈判的根据,因为联盟各国是向拿破仑宣战,只有他才是国家与和平之间的唯一障碍。大家怀有共同的情绪,认为拿破仑退位是绝对必需的处置,贵族院采纳了下议院的前项议,任命了一个公安委员会。

6月21日晚拿破仑召开会议,两院议长和副议长出席,会上说到他必须退位,经过怒气冲冲的讨论,作不出任何决议就散会了。

6月22日上午,滑铁卢战败后仅仅四天,代表院集会了,表示急不可待地要取得退位诏令。要求皇帝退位的提案将付表决。后来拿破仑表示顺从,未经表决就签署了诏令。富歇交来了诏令:

"法国人!——开始维护民族独立的战争之际,我领导一切力量,联合一切意志,所有国家机构协同一致,我有理由希望成功。现在各国反对我的一切宣言,全部情况对于我似已起了变化。我献出自己作为法国敌人仇恨的牺牲品,用以证明我的一切宣言是真诚的,而且真证明这些宣言是引导他们只是反对我的政权!我的政治生命业已告终,我宣告我的儿子以拿破仑二世的尊号继任法国人的皇帝。"

拿破仑再度登位的百日政权到此告终。

临时政府成立,把国家的执行权力授给5个人:

两名选自贵族院,3 名选自代表院。这 5 人是卡尔诺、富歇、科兰古、格雷尼埃和基内特。

6 月 24 日两院再次集会,但是以下述遁词避开了问题,没有理由正式承认拿破仑二世。拿破仑毫无怨言又不失尊严地顺从他的命运。

6 月 29 日拿破仑离开马尔梅松,7 月 3 日抵达罗歇福尔。一路上拿破仑所到之处,部队对他发出一片欢呼声,而国民则尊重的是这个差点没成为世界霸主的人倒运。

临时政府请求威灵顿公爵发给拿破仑赴美国的护照,公爵因为未曾得到本国政府指令而拒绝发给,同时提高了英国巡洋舰的警惕性以防止拿破仑脱逃。

联盟各国通知临时政府的职权已告结束,而当时还在圣丹尼的路易十八数日内就驾临他的首都重掌王权。因此临时政府自行解散,7 月 8 日路易十八再次进入他的首都,重新住进祖传的宫室。

7 月 10 日拿破仑派他的两名随员,萨瓦里将军和拉斯加斯伯爵,去同柏雷勒芬号的梅特兰舰长联络,借口探询英国发给通行证的事,他们说这是曾经许诺给他的。他们的目的是打听梅特兰舰长是否准许两艘快速舰载拿破仑行驶而不予干涉,英国舰长拒绝了这点。于是拿破仑别无选择,只得投降。接着为投降事宜举行了多次谈判,7月15日他在柏雷勒芬舰上受到尊敬无比的接待,可是没有什么显著的荣典。

7月31日,英国政府的最后决定通知他了:他不得在英国登岸,而要立即转往圣赫勒拿岛,除了将军之外不承认他有其他身份。他听麦耳维耳勋爵来函的宣读,没有不耐烦或吃惊的表示,问他有无答复要说时,他以非常安详的态度与和善的面容开始宣告,他庄严抗议刚才宣读的命令,拒绝做俘虏送往圣赫勒拿。他表示宁死也不愿送往该岛。

他也对给予他的称号——拿破仑将军大发牢骚,坚持他有权被当做一位主权君主来对待。但是对处于他现在这种地位的人,怨诉是无用的,他如今只能顺从。

拿破仑最后默默接受了对他的通知:海军司令乔治·科伯恩爵士准备在诺森伯兰舰上接待他,把他送往圣赫勒拿。这位倒台的皇帝获准任选四名军官和他自己的军医以及12名仆人随他前去。他挑选了贝特朗、蒙托隆、拉斯加斯三伯爵以及古尔戈将军,他的军医是柏雷勒芬舰上结识的奥马拉医生。

8月7日拿破仑从柏雷勒芬舰转到诺森伯兰舰,第二天早晨他们驶向圣赫勒拿,于1815年10月15日到达。

英国政府的命令是拿破仑要在舰上留到绝对准备好适当住处时为止,后来因他已在船上待腻了,改由乔治·科伯恩爵士自行负责让他的乘客在12月9日上陆,并且保障拿破仑的人身安全。

12 月 9 日朗伍德迎入了拿破仑和他的一部分家人,划出了一块周长约十二英里的地方,拿破仑在这范围内运动可以无须任何人陪伴。在此界限以外布置了一连串哨兵,除非有一名英国军官陪同否则不让他通过。

1816 年 4 月,乔治·科伯恩爵士空虚操心而痛苦的职务被赫德森·洛爵士取代了,洛仍任圣赫勒拿总督,负责看管拿破仑其人直到他去世。

拿破仑居住在圣赫勒拿岛的 5 年 7 个月期间,没有发生什么足以改变他生存的忧心的事,他的生活习惯是最正规和简单不过的了。

他一天两餐,一般在 10 点左右进早餐,下午 8 点进晚餐。他喜欢清淡的饮食,食量很大,胃口显然很好,晚餐时他主要喝几杯波尔多红酒,超不过英制一品脱,即结束一餐。

他有时也喝香槟酒,但是他的体质不宜多饮,一大杯香槟酒就会脸红。1821 年 5 月 5 日下午,拿破在圣赫勒拿岛上去世,一颗巨星陨落了。

拿破仑光辉的人生历程震撼了空间,吞噬了时间,尽管历史无情地一路前行,但在人们的记忆深处,一定会永远记住这位超群绝伦并影响过世界的伟人!

第四章

功过参半的将军麦克阿瑟

◎ 军族世家

1880 年 1 月 26 日,美国历史上家喻户晓的英雄,盟军中叱咤风云的人物——道格拉斯·麦克阿瑟出生在美国阿肯色州的军营里。

麦克阿瑟家族是一支古老的家族,其祖籍是苏格兰。祖先曾参加过中世纪的十字军东征。

道格拉斯·麦克阿瑟的祖父,即阿瑟一世,他因出身军旅世家,便参加了麻州国民军,曾任麻州军区法官职务,级衔升至上尉。后来由于没有战争可打,就学习了法律,当了律师。

南北战争爆发后,已经成为阿肯色州巡回法官的阿瑟一世,写信给当时的总统林肯,请求把他的儿子阿瑟第二(即道格拉斯·麦克阿瑟的父亲)送进西点军校培养。

林肯没有同意。但向往军队生活的阿瑟第二毅然参加了威斯康星州新组建的步兵团。不久,他荣誉晋升为少校。后便统率第二十四团,直到战争结束。他晋升为中校、上校时还不满 19 岁,是联邦军队中最年轻的上校。

可是,好景不长,内战不久就结束了,军队大裁减。阿瑟第二所在的团被撤销,他再度成了老百姓。他在研读一年法律后,仍念念不忘军旅的召唤,在 1866 年再次接受任命,而此时的阿瑟第二只被授予了上尉军衔,而且在这个位置上一干就是 23 年。这期间,他在一次狂欢节中遇到了一位美丽的姑娘玛丽·平克妮·哈迪。他俩一见倾心,终身恩爱不渝。哈迪于 1852 年生于弗吉尼亚州,是一个有钱有势的棉花商的女儿。他们于 1875 年 5 月在这位富商巍峨雄伟的私邸——河畔大厦举行婚礼。

1889 年,他被晋升为少校,到首都华盛顿陆军司令部服役四年。在那里,他获得法律学校的法律博士学位。之后,他再次被提升为中校。如果不是因为爆发了美国—西班牙战争,他很可能就会默默无闻地结束他的军旅生涯。

美—西战争爆发后,阿瑟第二被提升为准将,指挥一个步兵旅。这个旅被运到了菲律宾。他率领全旅勇敢地投入了战斗,很快结束了在菲律宾的马尼拉战役。接着阿瑟第二将军又经过十几次浴血奋战,全面控制了菲律宾,美国的报纸以显著版面报道了他的功绩。他快便成为美国驻菲律宾所有部队的指挥官,并被任命为该群岛的军事总督。军旅生涯达到全盛时期。

阿瑟第二在他任军事总督之职的 14 个月期间内,实行许多项自由化改革,创建了免费的公立学校制度,根据他在法律方面的经验,改革了古老而残酷的司法制度。他发起一项雄心勃勃的经济计划,并奠定了建立军事机构的基础。

1901 年 7 月,阿瑟第二被解职调回国内。在其后的数年间,他在一些不为人所注目的岗位上供职,后来又获得荣誉晋升,当上了中将。1909 年退役隐居。

三年后,他在向一批南北战争时期的老战士发表演说时,猝然逝去,时年 67 岁。

道格拉斯·麦克阿瑟是阿瑟第二的第三个儿子。他从小接受着军旅生活的熏陶,父亲教给了他许多军事知识,对小麦克阿瑟产生了潜移默化和深刻的影响,使他很小就梦想成为一名士兵。他有两个哥哥:阿瑟和马尔科姆。后来马尔科姆 6 岁时就夭折了。

在麦克阿瑟性格形成的关键时期,他从母亲的身上受到了好多教益。懂得了对于该做的事情,不管个人做出怎样的牺牲,都要实现它。她一次次地对他说,总有一天你会像你父亲一样成为"伟人",使他树立起"命中注定"成功的坚强信念。

麦克阿瑟 6 岁开始受正规教育。他的考试成绩很差,是学校有名的"顽劣少年"。到 1893 年,麦克阿瑟在 13 岁时进入西得克萨斯军校,经过 4 年中学学习后,在学业和体育运动方面开始崭露头角。到毕业时,他文化课程的平均成绩是 97.33 分,同时,又是体育上的佼佼者,为此,学校授予他金质奖章一枚,还让他代表本校毕业生在毕业典礼上致告别词。

　　至此,麦克阿瑟在生活中所追求的目标已经十分明确,那就是做一名像他父亲一样的军人。他的第一步是要进入美国西点军校。

　　于是他立刻投入了入学考试的准备,并发誓要考上西点。可能是由于愿望过于强烈,致使他在考试前心情过于紧张,整夜头脑昏沉,似睡非睡。早晨起来,天旋地转,头晕恶心,状态极差。

　　母亲见他这个样子便鼓励他说:"麦克阿瑟,如果不紧张慌乱,一定能考上的。你必须自己相信自己,要依靠自己的力量,纵使不能取胜,你也会知道你尽了最大的努力。"结果,金榜揭晓时,麦克阿瑟以优异的成绩考取了他向往的西点军校。

　　1899 年 6 月 13 日,麦克阿瑟进入西点军校,时年 19 岁。这时的麦克阿瑟英俊潇洒,风流倜傥,被视为军校有史以来最漂亮的小伙子。

　　入校不久,麦克阿瑟很快投身于紧张而繁忙的各项训练之中。尽管这种磨炼是艰苦而无休止的,但麦克阿瑟并未因此而懈怠。他把训练看成一种准备。

　　此后不久的一天,麦克阿瑟便经历了不同以往的特殊磨炼——残忍的体罚。这或许是因为他父亲是当时的著名将领,或许人们都知道他的母亲住在军校旁的旅馆中,一些高年级学生便对他进行侮辱,并强行迫使他做下蹲、单杠、俯卧撑等练习,一做就是一两个小时,以至于有一天晚上他一阵痉挛便瘫倒在帐篷里。他不得不让同学们把毛毯垫在他身下,以免抖动发出的响声惊扰了别人。第二天,他又忍着浑身的酸痛像往常一样坚持训练。

　　然而,此类事件还并未因麦克阿瑟的沉默而有所减少,类似事件不断在其他新生的身上发生,而且导致一名学员因受辱而自杀。

不久,一封关于西点高年级学生欺负新生的匿名信送到了当时的麦金利总统手中。总统即刻下令着手调查此事。年轻的麦克阿瑟不情愿地成了主要见证人。

受到严厉体罚的麦克阿瑟在接受调查人员的询问时,他仅仅是轻描淡写地简单谈了谈,而未对任何事情作证。他之所以这样做,除了想展开其博大胸怀外,更重要的是他不愿对自己受辱之事夸大其词,因为他把这当做是有损于形象的不光彩的事,他所需要的不是别人的同情和怜悯,而是敬慕与崇拜。如他所愿,他赢得了同学们的尊敬和信任,也获得了校方的好感。

在西点军校,麦克阿瑟开始为自己辉煌的一生奠定坚实的基础。由于麦克阿瑟本人天赋极高,加之勤奋好学,思维敏捷,使他在众多的学员中脱颖而出,展示出非凡的综合能力。第一学年末,麦克阿瑟的成绩名列榜首。

此后三年,由于他不懈努力,他的成绩在排行榜中高居不下,终以平均 98.14 分的优异成绩从西点毕业,这一分数是西点军校毕业生中少有的好成绩。

麦克阿瑟所表现出的不仅是学业上的高深造诣,同时他卓越的领导才能也开始渐露锋芒。他曾经连续三年荣获同级学员中的最高军阶,至四年级时,已升至全学员队队长和第一上尉。

1903 年 6 月 11 日,西点军校举行毕业典礼,麦克阿瑟的父亲被邀请去参加。自麦克阿瑟把毕业证书从部长手中接过来交到父亲手中时,他觉得自己完成了从少年向青年的转变,并进入了一生事业的起点。

◉ 戎马生涯

从西点军校毕业之后,麦克阿瑟捧到的第一个派职令,就是随第三工兵营一起到菲律宾执行勘测任务。其时,他父亲已离开那里而在旧金山负责太平洋岸的防务工作。

在菲律宾服务期间,麦克阿瑟有两件事值得一提:一件是协助勘测巴丹半岛。对这块森林茂密的山地的勘测,使他在日后与日军作战中大受益处。另一件是结识了两位刚从法律学校毕业的菲律宾青年。他们是曼努埃尔·奎松和塞吉奥·奥斯默纳,并同他们结为挚友。而这两位青年竟先后成为菲律宾总统,并且在第二次世界大战期间与麦克阿瑟的命运紧密联系在一起。

1904 年 4 月,麦克阿瑟被提升为中尉。父子俩先后巡察了日本远东及东南亚的大部分国家,此行使麦克阿瑟大开眼界,受益匪浅,成为他一生最重要的经历之一。

然而,这次巡察之后,他开始变得好高骛远和不切实际,他的命运注定要逆转了。事实也的确证明了这一点,他的军旅生涯进入了不景气时期。

　　1906 年 10 月,他被选派到华盛顿高级工程学校进修一年。12 月,他承蒙其父原来的部下、当时的陆军参谋长贝尔将军的提携,作为兼职工作,被任命为西奥多·罗斯福总统的低级副官。这期间,他沉溺于觥筹交错,眼花缭乱的官场之中,从而影响了学习,使他的成绩下降,名次排在马歇尔之后。

　　后来,在他自己的要求下,他被调到父母的居住地——密尔沃基,给毕业于西点军校的贾德森少将当助手。然而,他的工作并不出色,不久,他又被派遣回原来的部队——第三工兵营,驻在利文沃思。这次,他却是在等级最低的一个连当连长。从此他进入了人生最为失意的阶段。

　　这时期,麦克阿瑟在利文沃思的各种不同的工作岗位上消磨了长达 4 年半的时间而毫无建树,曾经辉煌的军旅生涯日趋消逝。有时年轻英俊的麦克阿瑟看上去垂头丧气,神经过敏,精神颓废。形势变得如此严重,以致他的母亲整日忧心忡忡,不得不亲自出马,四方奔走,想为他在其他领域谋到一份职业。她写信给西部铁路大王哈里曼,请他雇用自己的儿子。此事麦克阿瑟事前一无所知。当哈里曼的助手找他谈及此事时,他感到十分吃惊,并觉得自己的名誉遭到损害,毫不犹豫地一口回绝了这件事。

　　为了挽回声誉,恢复母亲的信心,他重整旗鼓,发愤工作,忠于职守,带士兵进行各项野战作业及训练。功夫不负有心人,这番努力终于扭转了连队落后的局面,他的上司开始另眼相看了,并调他出任"第一流"连队的连长。

1911 年初,31 岁的麦克阿瑟被晋升为上尉。此时,不幸的事接连发生,先是他母亲身染重病,病因还未查清,他的父亲便于第二年猝然去世。留下体弱多病的母亲独守空房。为了照顾好母亲,麦克阿瑟请求调到密尔沃基工作,被拒绝。之后他又要求调到华盛顿陆军部,在陆军参谋长伍德的帮助下,这一请求不久获得批准。

1912 年麦克阿瑟到华盛顿陆军部上任。第二年,他被任命为参谋部的正式一员,并很快得到伍德参谋长的青睐。麦克阿瑟从此时来运转,在这里,他可以有更多的机会施展才华,并开始稳步向军界顶峰攀登。

1914 年,第一次世界大战在欧洲全面爆发。大战之初,美国宣布严守中立。而到 1917 年 4 月,美国参、众两院通过了威尔逊总统的对德宣战决议案。

不久,美国便组建了由约翰·潘兴将军任总司令的美国欧洲远征军。8 月 1 日,年已 34 岁的麦克阿瑟被任命为远征军的第四十二师参谋长,并晋升为上校。由于这个师的兵员来自全国各地,所以根据麦克阿瑟的建议,这个师也被命名为"彩虹师"。通过麦克阿瑟的精心组织和训练,"彩虹师"很快被训练成为一支具有良好战斗作风的部队。经过两个半月紧张的组织和训练，25000人的"彩虹师"便登船往法国，编入潘兴将军领导的美国远征军。

在法国，该师经过进一步的训练和整顿，于1918年2月开进法国洛林南部防区的堑壕。这时正是几十年来最寒冷的冬天。道格拉斯·麦克阿瑟很快便成为远征军中最引人注目、最勇敢无畏的军官之一。新闻界很快便生动地称他是"远东军中的花花公子"。

"彩虹师"在洛林地区坚守了约四个月之久。这四个月期间内，战斗几乎一直在不断地进行着。战斗残酷而激烈，最后大约有600名德国人被俘，其中有一名德军上校是麦克阿瑟用马鞭擒获的。由于在这次行动中的突出表现，他获得了首枚法国十字军功章和美国的银星章。

在另一次战斗中，麦克阿瑟为了查清敌人阵地的情况，组织了一个夜间侦察小分队，并亲自随小分队一起行动。在前进途中，他们遇到敌军火力的猛烈射击，结果其余人都死了，只有他一个人活着返回阵地。他坚信这是上帝保佑的结果。后来他又因作战英勇和沉着冷静而再次获得十字军功章和美国的服务优异十字勋章，还因中过毒气而获得紫心章（一种授予作战中负伤军人的勋章）。

6月21日，协约国的军团司令官表彰了麦克阿瑟对"彩虹师"的出色指导。这时，毫无英雄业绩史的"彩虹师"已成为英勇善战的部队。麦克阿瑟成为法国尽人皆知的英雄而被认为是最引人注目、最勇敢无畏的军官之一。

"彩虹师"略作休整之后,又于7月4日开回堑壕,配属给兰斯附近前线的法国第四军。德国人把他们的精锐师都集中在这个地区,企图孤注一掷,最后夺取巴黎取得战争胜利。激烈的战斗在7月15日打响了,"彩虹师"以令人畏惧的勇敢和顽强投入了战斗。这时已被提升为准将的麦克阿瑟,进攻时总是第一个跳出堑壕,率领他的部下进行短兵相接的战斗。

在战役中,麦克阿瑟还试用了一些新战术,如主动放弃第一道防线,诱敌进占,然后以重炮实施集中突击,大量杀伤敌有生力量。至8月5日协约国方面夺取了战略主动权。而麦克阿瑟因作战英勇和指挥有方,又获得两枚银星章和一枚法国十字军功章。

然而这期间,美国远征军司令部中有些参谋对麦克阿瑟,凌驾于师长之上指手画脚感到不满,也有的人主张解散这个师,把官兵分配到别的师去。

最后"彩虹师"虽然保住了,但麦克阿瑟被免除师参谋长职务,而改任该师第八十四步兵旅旅长。

9月末,协约国对德发起了大规模的默兹阿尔贡进攻战。四十二师配属给美国第五军,任务是攻占敌人要塞——夏蒂隆山。一次,在夜间麦克阿瑟严重中毒,几乎双目失明,但他拒绝去医院,坚持留在阵地。一天晚上,第五军军长来到他的指挥部,对他说:"快给我拿下夏蒂隆,否则给我一份5000人的死亡名单。"

麦克阿瑟坚定地说:"若拿不下夏蒂隆,你就把全旅官兵列入死亡名单,并把我的名字列在首位。"麦克阿瑟巧妙地调动兵力,连续组织进攻,一举拿下了夏蒂隆山,完成了预定作战任务。

1918年11月11日,德国投降,历时4年零3个月的第一次世界大战以协约国的胜利宣告结束。之后几天,麦克阿瑟被提升为第四十二师师长。

第一次世界大战结束之后,麦克阿瑟于1919年4月载誉回国。5月12日,他被召到华盛顿晋见新任陆军参谋长佩顿·马奇。马奇是潘兴在法国时的炮兵主任。

他本人也是西点军校毕业生,深知军校的弊端。他看中了麦克阿瑟敢想敢干的作风和卓越的领导才能,因而任命麦克阿瑟为西点军校校长。

在当时,西点军校处于一片混乱之中。在第一次世界大战中,为了向法国输送军官,学员们都提前毕了业。在校生只有一年级学员,教程也被缩短为一年,使西点军校成了一个不伦不类的短期训练班。学员素质低劣,酗酒闹事、打架斗殴时有发生,教学秩序一片混乱。

1919年6月,麦克阿瑟正式就任西点军校校长。他一上任,就立刻下令对军校各方面工作进行全面整顿,并大胆地实行改革。他任西点军校校长直至1922年6月。在这整整三年的时间里,他的改革使西点获得了新生。一位传记记者这样总结说:"在麦克阿瑟的漫长人生历程中,人们一致认为,是他而不是任何别人,领导西点军校跨进迅速发展的世界,开始了现代军事教育。"的确如此,他在美国军事院校方面所作的开拓性努力,是他对建设现代军队做出的最重要的贡献之一。

在麦克阿瑟任西点军校校长期间，他的个人生活也翻开了极为复杂的一页。他出人意料地深深坠入了情网，这也是他有生以来的第一次。这位令麦克阿瑟着迷的女人是一位富得使人难以置信的离婚寡妇，她的名字叫路易丝·布鲁克斯。这时她已 35 岁。

路易丝的经历相当复杂。她生于纽约，出身豪门望族。1908 年曾嫁给一个富有的承包商，并生育了两个孩子。战争期间，他们在巴黎过着花天酒地、挥金如土的奢侈生活，并与当时在法国征战的潘兴将军结为莫逆之交。1919 年，路易丝在巴黎与其前夫离婚，并回到国内为潘兴当办事员。一年后。她与麦克阿瑟在一次晚会上相识，并双双坠入爱河。

1922 年 2 月，麦克阿瑟与路易丝于 14 日的情人节结为伉俪。

由于种种原因，麦克阿瑟于 1922 年 6 月离开了为之奋斗三年的西点军校，而到菲律宾执行海外任务。

冬天来临的时候，麦克阿瑟安置好体弱多病的母亲，便携妻带子离开美利坚，前往菲律宾的马尼拉就任。故地重游，使他感慨万分。加之昔日老友相聚，畅叙别情，更增添了几分他乡遇故的愉悦之情。人地两熟，自然能配合默契，通力协作，工作进行得十分顺利。而路易丝则不然，过惯了上流社会生活的她，留恋国内旋风般的社交活动，对这里单调乏味的生活感到十分厌倦，而且香闺寂聊，使得原本不安分的心又一次躁动起来,两人的关系开始产生裂痕。

就在同年,麦克阿瑟的哥哥阿瑟因病去逝。麦克阿瑟成了家族中的唯一香火。

1924 年,麦克阿瑟由准将提升为两星少将。他走上新的岗位后不久,就被指定为审理威廉·米切尔准将一案的著名军事法庭的法官。

麦克阿瑟认为这是他所接受的最令人厌恶的命令之一。威廉·米切尔准将,是一位才华横溢的航空兵指挥官。

1925 年 9 月,米切尔受命前往华盛顿,去接受因离经叛道而进行的审讯。在法庭上,米切尔把法庭变成了他宣传其理论的讲坛,使新闻界异常活跃,大张旗鼓地加以报道。

米切尔最终被判为有罪。麦克阿瑟虽然也认为其有罪,但力争为米切尔减轻罪名,因而米切尔最终没有被解职。米切尔对此感激不尽。

然而,恰恰麦克阿瑟是"迫害"米切尔的法庭成员这一事实,使得飞行员们转而反对他。这种敌视状态直到第二次世界大战才算消除。

与此同时,麦克阿瑟的家庭生活一点也不平静。

路易丝对军旅生活完全失去了兴趣。终于,他们因志趣不投而劳燕分飞,5 年的姻缘以失败而告终。

1928 年夏天麦克阿瑟又奉命前往马尼拉,出任最高军事职务驻菲美军总司令。

1929 年 3 月,赫伯特·胡佛当选为美国第 31 届总统。由于麦克阿瑟与胡佛私交甚厚,1930 年 8 月,麦克阿瑟接到了总统发来的委任电:决定由他出任陆军参谋长。9 月 19 日他从菲律宾返国上任,以实现其梦寐以求的愿望。

1930 年 11 月 21 日,麦克阿瑟宣誓就任美国陆军参谋长,领临时上将军衔。当时,他正好 50 岁,是美国陆军史上最年轻的参谋长,也是全国唯一的四星将军。

1933 年,罗斯福就任美国第 32 届总统。开始在国内推行他的改革计划。尽管他与麦克阿瑟各执己见,但在工作能力上还是相互尊重,彼此欣赏。两个人均系贵族出身,外表英俊,而在骨子里却保持着一种对抗关系。

1934 年,麦克阿瑟的参谋长任期已满,但直到年底也没有找出合适的人选,罗斯福宣布麦克阿瑟继续任职。第二年,麦克阿瑟正式离开他执掌了 5 年的美国陆军,走下圣坛。并由马林·克雷格接任其职。

1935 年 11 月 15 日,奎松就任菲律宾联邦总统。麦克阿瑟在其得力助手艾森豪威尔的协助下,很快拿出了组建菲律宾军队的计划。

1937 年初,麦克阿瑟和奎松一同赴华盛顿游说。当时,罗斯福总统和主张实行新政的人对于奎松不断提出菲律宾在 1938 年 12 月 31 日完全独立的要求非常反感,以至于罗斯福拒绝邀请他到白宫去。

而麦克阿瑟则竭尽全力劝说陆军部给予援助,并与罗斯福总统发生了一次尽人皆知的大辩论。除了公务之外,麦克阿瑟借这次回国之机,在 4 月 30 日,他与琼·费尔克洛斯在纽约市政大楼举行了简单的婚礼。度完蜜月后便偕夫人一起返回马尼拉。

8月6日麦克阿瑟接到参谋长克雷格的通知,要他在马尼拉服务时间满两年后(1937年10月)返回美国接受其他职务。麦克阿瑟大为震惊,不知所措。奎松也是如此。最后奎松许诺由麦克阿瑟出任菲律宾政府的军事顾问,领实际并不存在的菲律宾陆军元帅军衔。1937年11月31日,麦克阿瑟十分感激地接受了这一许诺,并正式退出他为之服务38年的美国陆军。失去美国陆军部的官职地位,意味着麦克阿瑟争取军援的反复要求已不再具有官方意义。其后两年,当日本巩固了其在满洲的地位,并开始入侵中国大陆时,菲律宾的军事建设却犹豫不决,徘徊不前。

1938年2月21日,58岁的麦克阿瑟老来得子。费尔克洛斯为他生了个儿子。他们给儿子取名阿瑟。

◉ 太平洋荣辱

1939年9月,第二次世界大战全面爆发。

同年12月,曾跟随麦克阿瑟多年、竭诚辅佐他的艾森豪威尔参谋长申请辞职回国。麦克阿瑟和奎松都竭尽全力挽留他,奎松甚至拿出一张已签了字的空白聘书让他自己往上面任意填写聘金。但艾森豪威尔表示"没有任何代价能够改变我的主意"。最后麦克阿瑟见实在挽留不住,只好放人。艾森豪威尔的这个选择后来证明是无比正确的。如果他不回国,他就不可能成为欧洲战场的盟军最高司令官,更不可能成为后来的美国总统。

1941年,国际形势发生了急剧的变化,菲律宾对防务的态度也开始发生了变化,军事力量迅速增强。

1941年12月8日凌晨,麦克阿瑟得知日本袭击了美国的珍珠港。很快,日本又突然袭击了克拉克和伊巴机场,机关炮喷着火舌,炸弹倾泻而下。几分钟内,日本人在空中毫无抵抗的情况下摧毁了克拉克机场的全部18架B－17,以及克拉克机场和伊巴机场72架P－40战斗机中的55架。这真是天大的灾难。日本人只一次打击,几乎就消灭了麦克阿瑟赖以防守菲律宾的空中力量,赢得了入侵菲律宾的制空权。

在袭击了麦克阿瑟的空军和亚洲舰队之后,日军第十四集团先遣队田中支队开始在吕宋岛北部的阿帕里登陆。次日,营野及木村支队也从不同方向相继登陆。三路并进,向马尼拉包抄而来。麦克阿瑟正确地认识到即将到来的重要行动正是隐藏在这些小规模的牵制性攻击之后。因此,他的主力按兵不动,等待时机的到来。

麦克阿瑟的陆军分散于整个菲律宾群岛,准备实施"滩头作战计划",在滩头阻击日军。然而,日军毫不费力地巩固了滩头阵地,并向吕宋岛腹地挺进,麦克阿瑟这才真正意识到自己已危在旦夕。

日军的企图已很明显了,他们意在实施南北夹击,将麦克阿瑟部队围困后,掐断补给线,一举歼灭。这迫使麦克阿瑟不得不立即作出明智的选择,即退居巴丹半岛。这是唯一能减少伤亡,保存实力的办法。此时一向所向披靡的麦克阿瑟只得垂头丧气地撤离马尼拉,向科雷希多转移。科雷希多是一个位于马尼拉湾入口处的小岛。它四面环山,隧道纵横,而且易守难攻,是个理想的"藏身之处"。在这里,还可以直接观察到战场情况。

麦克阿瑟的司令部设在高高的山顶上,这一显见的目标成了日本轰炸机的众矢之的,没几天,就被夷为平地,迫使麦克阿瑟将司令部移至马林塔隧道里。他一面着手进行退守巴丹的计划,一面不时地向战地指挥官下令,力图将部队从日军的铁钳中解救出来。退守巴丹的计划由温赖特将军奉命执行。在部队向巴丹撤退时,温赖特将军将从林加湾到巴丹岛的各条战线上,对南下的敌人进行阻击,这是整个撤退计划的关键。他将被打得七零八落的余部集合起来,沿途建起五道临时防线,边战边退,边攻边守,争取时间使工兵部队炸毁桥梁、设置路障、破坏道路、阻断交通,有效地推迟了日军进攻的速度。

同时掩护南线部队迅速通过马尼拉城进入巴丹。

退守巴丹是麦克阿瑟在菲律宾防御战役中所做的最重要的决策之一,而且是整个太平洋战争的关键之所在。

这使美军得以有机会松口气,休养生息,重新在澳大利亚组织防御。

美国国内因此人心鼓舞,士气大振。麦克阿瑟则更是神气活现,得意扬扬。

然而,麦克阿瑟似乎是得意得太早了。

由于撤退命令下得太晚,错过时机,致使输送给养的行动十分仓促。粮食储备不足,士兵们被迫将口粮减半。

由于长时间忍饥挨饿，食不果腹，再加上疟疾流行，使得美军上下军心涣散。

不久，日本军队在远东诸国及西南太平洋的几座岛屿上不断扩张，连连得手。在盟军方面，太平洋地区频频陷落，军队节节败退。

这使盟军总部的官员忧心忡忡。麦克阿瑟在科雷希多岛上指挥美军拼死抵抗，这一事实使他理所当然地成为美国人心目中的英雄，他在国家中的地位也不断上升。有关他的报道垄断了新闻报道的显著位置。

一些国会议员视他为神明，力将其调回国任陆军最高统帅。

此时，总统和陆军部也在考虑麦克阿瑟的去向问题。鉴于目前新几内亚和澳大利亚又面临严重威胁，为加强西南太平洋的军事力量，保住澳大利亚这一反攻基地，马歇尔和罗斯福一致认为有必要组建一个司令部并任命一位新的盟军总司令。

麦克阿瑟成了最佳人选。

1942年3月，麦克阿瑟一行决定乘鱼雷快艇去冲破日军的海上封锁线。他们避开了日本巡逻舰的重重封锁，终于在35个小时后安全到达棉兰老的卡加延。

棉兰老空军司令夏普将军为麦克阿瑟一行接风洗尘，并准备了丰盛的酒菜以示庆祝。

离开棉兰老，麦克一行又乘坐 B－17 及 E－47 飞机辗转飞往艾丽斯·斯普林斯，从那里改乘火车前往目的地——墨尔本。

蒙难"君主"重振旗鼓,麦克阿瑟乘火车驶进了墨尔本,当地群众对他的到来表示热烈地欢迎。

华盛顿为表彰他在菲律宾的英勇行为,特授予他国会荣誉勋章。这是麦克阿瑟等了 28 年才得到的最高奖赏。在美国国内,这位"蒙难君主"成了光彩夺目的英雄。

在澳大利亚也是一个路人皆知的英雄。在这些荣誉和场面的背后,他忍受着可怕的烦恼和痛苦,这些则是公众所不了解的。

本来麦克阿瑟满怀希望地来到澳大利亚,希望能找到一支强大的陆军和空军,然后率领他们打回菲律宾,解救被围困在巴丹和科雷吉多尔的部队。然而他面对的却是微弱到连自身都处在危险之中的澳大利亚军事力量。

此时,巴丹的形势日趋恶化。在麦克阿瑟踏上澳大利亚国土后的两个星期,日军便又发动了新的野蛮攻势。三天内,整个第二军就崩溃了。4 月 9 日,金少将率领 75 万人的巴丹部队投降了。这是美军历史上缴械投降最庞大的一支队伍。

巴丹最终投降是麦克阿瑟早已料到的事,但这一天真的到来时,他还是感到震惊、迷惘,甚至气愤、沮丧。

正当麦克阿瑟精神颓废、垂头丧气的时候,时运好像是在捉弄他似的,北太平洋司令尼米兹上将却在太平洋上取得了两次重大胜利。

这时,麦克阿瑟拥有的军事力量已经有了相当大的改观。善于打硬仗的澳军第六、第七师已经奉命调回国,两个美军师第三十二、第四十一师已经开到。澳大利亚已开始征集 10 个陆军师,其中 8 个师已在训练中。空军力量也在稳步增长。麦克阿瑟又重新振作起来,在 6 月初向华盛顿提出了一个更加雄心勃勃的计划:直接对日军在新不列颠岛的进攻基地腊包尔实施两栖登陆。

事实上,这个计划是根本行不通的。日军为夺取对澳大利亚北部和新几内亚的海空控制权,曾在 5 月初从腊包尔出发企图夺取新几内亚的莫尔兹比港。珊瑚海一战失利,使日军暂时放弃了攻击,但并没有放弃这个既定目标。不过,这次进攻将不是从海上,而是先在巴布亚半岛北岸的布纳和戈纳一带登陆,然后翻越山峦起伏、崎岖艰险的欧文斯坦利岭,从背后攻占莫尔兹比港。

日军在布纳和瓜达卡纳尔两条线上作战的情报,是由"卡斯特"密码破译分队提供的。"卡斯特"是麦克阿瑟的"秘密武器",共有 75 名破译人员,拥有大量先进的设备,曾于 1942 年和麦克阿瑟一起被困在巴丹,但作为完美无缺的战争耳目,首先撤离了巴丹。这是离开巴丹半岛的最大的一个独立分队和唯一的完整装备。

如今它驻在墨尔本澳大利亚皇家海军情报处的大楼里。到达澳大利亚的时间虽然不长,但它却连建功勋。尼米兹的珊瑚海战和中途岛海战的胜利就是它的杰作。在行政上,"卡斯特"虽然受美国海军的控制,但它破译的日军外交文电和海上交通情报,每天都源源不断地送给麦克阿瑟。这就使得麦克阿瑟几乎能够在每一环节上都胜日本人一筹。

但是,麦克阿瑟说什么也不相信日军可能越过几乎难以逾越和崎岖不平的欧文斯坦利山脉,而且更不相信日军会有足够的力量对莫尔兹比港造成严重威胁。正因如此,莫尔兹比港的防御被严重地忽视了。

出乎麦克阿瑟预料的是,日军始终在进行进攻莫尔兹比港的作战准备。7月22日,日军先遣部队占领了布纳的滩头阵地。这给麦克阿瑟来了个措手不及,这不但不能实现他进攻莱城和萨拉马瓦的计划,而且还要面临抵御进攻,把1167名日军赶出巴布亚的任务。

另外,日军于7月29日易如反掌地攻占了欧文斯坦利岭脚下的科科达机场,然后又爬上丛林密布的山间小道直取莫尔兹比港。

当总司令部终于弄清布纳所处的危险境地和日军的真实企图后,麦克阿瑟立即命令善于打硬仗的澳大利亚第七步兵师开赴巴布亚。

又一种新的威胁出现了。"卡斯特"的密码破译人员在聚精会神地倾听着腊包尔频繁的报务活动,发现日军正打算在莫尔兹比港右翼的米尔恩湾实施二线登陆。那里有一个比莫尔兹比港还要好的良港,麦克阿瑟已经在那里开始修建他的三个机场。如果这些地方落在日本人手中,将是个灾难性的事件:日军轰炸机就可能威胁到麦克阿瑟在澳大利亚东北部、莫尔兹比港、瓜达卡纳尔等地新建的空军基地。从米尔恩湾出发,可轻而易举地实施两栖登陆作战,夺取只有230英里的莫尔兹比港。

麦克阿瑟这一次相信密码破译人员了,并秘密地向那里增援部队。这样一来,日本人上当了。他们严重地低估了米尔恩湾的防御力量。8月25日,他们用1500人实施登陆,遇到了顽强而猛烈的地面抗击和空中袭击。四天后,他们有770人增援登陆,但也无济于事。经过大约一个星期的激战之后,日军命令残存的部队撤退,留下了600具尸体。

这时在新几内亚,澳大利亚的第七师已经赶到,麦克阿瑟开始进入反攻阶段。

至1943年2月中旬,日军的进攻受挫,节节败退。死伤无数。这迫使日军做出停战决定。瓜岛战役随着日军的撤离而宣告结束。

1943年3月,应美军参谋长联席会议的邀请,麦克阿瑟、尼米兹和哈尔西派代表去华盛顿,商谈1943年太平洋战役的特种战术目标。肯尼和萨瑟兰代表麦克阿瑟去华盛顿。会议决定:主要目标仍是腊包尔。为了解决相互协同支援及作战时间等问题,4月15日,哈尔西飞往布里斯班,同麦克阿瑟进行了第一次会晤。这次会

晗很快使两人成为莫逆之交。哈尔西的骁勇好斗与麦克阿瑟的大将之风珠联璧合。

经过了三天的讨论,他们制定出了一份详细的计划——"车轮"行动方案。该计划将在所罗门群岛和新几内亚相继进行 13 次两栖登陆。

1943 年 6 月 30 日,麦克阿瑟发起了强大的"车轮"战役。这是战争史上最为复杂的一次军事行动。其战线绵延近 1000 英里陆地和海域。投入作战的有来自许多国家的上万名士兵、飞行员、水手,数百架飞机、几百艘舰只和潜艇。这些部队形成两把巨大的钳子,旨在包围腊包尔:一支部队指向所罗门群岛,另一支部队指向新几内亚东海岸。

在所罗门群岛,哈尔西的两栖部队在未经直接火力准备的情况下,突然在新乔治亚岛登陆,并顺利夺占了滩头陆地。然而此后的进展受挫,使部队陷入了残酷的丛林战。哈尔西出动了全部的地面部队,与敌人进行逐点争夺战。经过 10 天的苦苦拼杀,到 8 月 5 日最后拿下了这个坚固的要塞。

哈尔西的下一个目标是夺取科隆阿拉岛。但是该岛地势险恶,深沟高垒遍布其中。

于是他决定跳过这座有重兵防守的岛屿,而在力量较为薄弱的韦拉拉弗拉岛登陆,并于 8 月 15 日轻而易举拿下该岛。被孤立在科隆阿拉岛的日军由于粮道已断,面临着被饿死的危险,不得不进行撤退,这样一举两得,使新乔治亚群岛完全掌握在盟军手中。接着,11 月 1 日哈尔西攻其不备,在布干维尔岛西岸的奥古斯塔皇后湾登陆,并建立了坚固的环形防御阵地。

为了配合登陆作战,哈尔西于 11 月 5 日和 11 日两次出动航母舰载机对集结于腊包尔港内的日舰队进行轰炸,共炸伤巡洋舰 6 艘、驱逐舰 4 艘,使腊包尔成了日本的"小珍珠港"。

至 12 月下旬,布干维尔岛上的美军已增至 4.4 万人,牢牢控制了该岛的西海岸。虽然战斗一直进行到第二年春,但岛上残余日军已构不成威胁。

在新几内亚,克鲁格率领"白杨树部队"毫不费力地登上了基里维纳岛和伍德拉克岛,接下来的目标是夺取莱城和萨拉马瓦,而莱城是首要目标。7 月,麦克阿瑟命部队佯攻萨拉马瓦,以给日军造成假象。同时,他下令出动飞机对远近的日军机场进行猛烈轰炸。这一招果然见效,日军不得不调遣莱城守军从陆路进行增援,而减弱了莱城的防御。

9 月 4 日清晨,在经过周密部署之后,终于打响了对莱城的进攻线。由于天公作美,大雾弥漫,莱城以东登陆的澳军第九师和美军第四十一师几乎未遭到任何抵抗。登陆后,他们便迅速向莱城推进。根据原计划,五〇三伞兵团应在莱城以西实施空降,以助陆军一臂之力。这次,麦克阿瑟亲自督阵,与伞兵们一同登上了飞机,极大地激发了伞兵们的斗志。如梦方醒的日军掉头返回莱城,但为时已晚。

9月10日,澳军第七师开始从西面攻打莱城。日军被迫败走莱城。于15日全部撤到了北部山区。美、澳军在莱城胜利会师。麦克阿瑟也因此而获得了一枚空军勋章,以表彰他的大无畏精神。攻占莱城后,麦克阿瑟决定实施下一步行动:进攻劳什港。澳军领命后,马不停蹄向前挺进,于9月22日在劳什港附近登陆,经过激烈战斗,于10月2日拿下该地。这样,盟军基本上控制了休恩半岛,取得了进军新不列颠岛和向西跃进的跳板。

随着麦克阿瑟控制了新几内亚,尼米兹夺取了马里亚纳,蒙巴顿进军印度支那,日本在东南亚已是三面被围之势,最后击败日军的时刻就要到来了。

6月12日,马歇尔在视察了欧洲战场后,指示麦克阿瑟和尼米兹,要他们直接攻下台湾,从而加速太平洋战争的进程。麦克阿瑟认为这样过于冒险。出于感情与政治两方面的原因,他重申了先打菲律宾的计划。

经过一个月的紧张讨论之后,会议在是否进攻吕宋的问题上仍悬而未决,但同意了麦克阿瑟攻占莱特岛的计划。并决定把尼米兹的部队交给麦克阿瑟,以便尽快全面进攻莱特岛。

莱特岛位于日军机场网的保护中心,而又距美军陆上航空基地只有500英里,因而这次大规模行动完全依赖于海军的作战行动和与海军的作战协同。这将是他指挥作战以来最复杂、最庞大和最困难的行动。

9月21日,麦克阿瑟签发了进攻莱特岛的战役计划。根据该计划,登陆行动将由克鲁格的第六集团军来实施;运送和保护任务将由金凯德的第七舰队,包括尼米兹调给他的700余艘舰船来完成。哈尔西的第三十八特混舰队将提供空中保护和支援。这将是太平洋战争以来规模最大的一支联合部队和登陆行动,其声势堪与4个月前的诺曼底登陆相比。

麦克阿瑟把进攻莱特的地面作战划分为四个阶段:第一阶段为小规模的先遣登陆,夺取位于莱特湾的一些小岛;第二阶段在杜拉格到塔克洛班之间发动主要攻击,并向莱特各地进军;第三阶段完全占领莱特与萨马湾南部;第四阶段则占领萨马岛的其余部分,完全控制菲律宾中部。

10月10日至15日,麦克阿瑟的庞大的两栖部队从荷兰蒂亚和马努斯出发,踏上征程。10月20日,天刚放亮,金凯德的战列舰就打响进攻莱特的第一炮。很快,整个海岸线成了一片火海。南、北两栖登陆部队,只遇微弱的抵抗就占领了滩头阵地。两天之后,麦克阿瑟的部队占领了塔克洛班。

10月23日,麦克阿瑟和奥斯梅纳一行人在省议会大厦的台阶上,举行菲律宾政府复位的正式仪式。麦克阿瑟向聚集在那里的人们宣布,菲律宾政府重新建立起来了。他的讲话很短,但每一句话都招来众人的热烈欢呼。随着,军号吹响,美国国旗和菲律宾国旗同时升起。

莱特岛胜利之后,麦克阿瑟又得了一颗星。国会创立一种新的特级军衔,即众所周知的陆军将军——五星上将。同时,他还获得了菲律宾政府授予的一枚勇敢勋章。这些荣誉使麦克阿瑟激动万分。

进攻吕宋岛的战役是第二次世界大战中最大最复杂的一次战役,也是麦克阿瑟指挥的最后一战。这一仗是从助攻方向民都洛开始的。

民都洛岛位于吕宋岛南端,它是麦克阿瑟进攻吕宋的最后一块踏板。对于民都洛的进攻,不论麦克阿瑟、肯尼、金凯德,还是克鲁格都未亲自指挥。他们都在莱特岛忙于制定进攻吕宋的计划,而将指挥民都洛作战的任务交给了下属。

进攻民都洛的部队、勤务部队和航空兵共3万人,分乘各类舰船150多艘实施登陆。金凯德只派出一个进行掩护和轰炸任务的特遣舰队。

12月13日,进攻部队开始驶向民都洛。虽然这支进攻部队在海上遭到"神风队"的猛烈攻击,但登陆后,他们几乎未遇什么抵抗。民都洛岛上只有500名守军,至12月15日中午,进攻部队轻而易举地占领了全岛所有目标。

为了支援民都洛登陆,哈尔西的13艘航母于14至16日对吕宋岛进行了空袭并建立了空中封锁,日军飞机被压制住了,这令麦克阿瑟欣喜万分。然而,在后来的12月18日,哈尔西的舰队受到了致命的打击——来自大自然的台风席卷了吕宋岛。由于未收到警报,致使三艘驱逐舰倾覆沉没,7 艘受重创,186 架飞机被大风卷下甲板或成为废物。

麦克阿瑟攻占了民都洛,也就打开了通往吕宋岛的南大门。进攻吕宋岛的主力部队已在各港口集结。克鲁格所指挥的 20 万地面部队中,13 万人参加战斗,其余 7 万为后勤保障,另外还有一支 8 万人的预备队,这样地面部队多达 28 万人。而海上参战的舰只也在 1000 艘以上。这是太平洋战争以来迄今为止最大的战役。

根据夺取吕宋的最后计划,主攻部队第一军和第十四军将从左、右两翼在林加湾登陆,上岸后沿宽广的平原向马尼拉推进。这和当年日本入侵吕宋时的路线几乎完全一致,所不同的只是有少量部队用来封锁巴丹半岛和科雷吉多尔岛,并准备从马尼拉南、北方向以闪电攻势夺取马尼拉。

1944 年 1 月 4 日,麦克阿瑟亲率大军北伐马尼拉。重返故地,令麦克阿瑟百感交集。

1 月 9 日拂晓,进攻部队到达林加湾海岸,海上舰船密布,景象壮观。9 时 30 分,部队换乘几百艘登陆艇向岸上冲去。13 日以后,麦克阿瑟取得了对吕宋岛的制空权。

随后,麦克阿瑟经过数日严酷的浴血奋战,打败了撤退之中的日军,营救了 5000 多名盟军战俘,又回到了马尼拉,全世界为之振奋。

罗斯福、丘吉尔、蒋介石及巴顿都发来了贺电,马尼拉市一片欢腾景象。

不久,麦克阿瑟又把注意力转向了他所面临的第二大任务:夺回巴丹半岛和科雷吉多尔岛,以雪巴丹之耻。

2 月 14 日,麦克阿瑟对巴丹半岛的进攻出乎意料地顺利,几乎未遇到什么抵抗。

这期间,第五○三团2000人在科雷吉多尔岛西部高地空降,并且来自巴丹半岛约有1000人的部队在马林塔遂道附近的东西登陆。进攻部队的行动隐蔽而突然,使岛上日军措手不及。到中午,两支部队已建立了坚固的立足点,并开始向日军发动进攻,但是遇到激烈抵抗。在这之后的十几天里,科雷吉多尔之战成了美军的一场噩梦,那些日军敢死队组成了混乱的帮伙向美军阵营横冲直撞,并企图与其同归于尽。这场可怕的自杀性恶战一直至2月26日才停止,5000日军几乎全被击毙。

在歼灭西部山区坚持抵抗的日军之后,如麦克阿瑟一直渴求的那样,菲律宾群岛被解放了。

二战结束后,为了完成受降和对日本的占领,杜鲁门总统任命麦克阿瑟为盟军总司令。这是自战争爆发以来麦克阿瑟一直在期望、争取、谋求的职务,虽然来得晚了些,但毕竟了却了他的一个心愿。

受降仪式结束后,作为盟军最高统帅的麦克阿瑟此时已65岁,他成了7000万日本国民的最高统治者。他所面临的不仅仅是占领,实现《波茨坦公告》规定的摧毁日本的战争潜力和惩治战犯两项既定目标,而且在物质和精神上重建这个几乎被战争彻底破坏了的国家。原

本是名职业军人,但现在不得不做一个经济学家、政治学家、工程师、教育家乃至神学家。决定按美国人的标准改造这个国家,使之成为美国远东的忠实盟友和民主堡垒。

1948 年,是美国大选年。当总统选举揭幕时,麦克阿瑟被提起有可能成为共和党候选人。他于 3 月中旬向新闻界发表了一份百般修饰的声明,宣布参加竞选。

当 6 月下旬共和党在费城召开全国代表大会时,在第一轮投票时,他获得 106 选票中的 11 票;在第二轮投票时得 7 票;在第三轮票时就一票也没有了。这种悲剧式的结局对麦克阿瑟是沉重打击,大大刺伤了他的自尊心。他没想到会这么惨,而且惨得让他无法接受。当他得知选举结果时,这位向来高傲的将军"心情沉重地垂下了头"。

这次竞选失败,使麦克阿瑟固有的偏执情绪和反共意识更加强烈了。当麦克阿瑟在日本掀起反共高潮之时,与之一海之隔的朝鲜点燃了冷战的火焰,成为举世瞩目的东西方斗争的焦点。

这样,年已 70 岁高龄,在陆军服役了 50 年的麦克阿瑟,又全身心地投入这一场战斗中。麦克阿瑟被撤销了一切职务,这些职务是:驻日盟军最高统帅、联合国军总司令、远东总司令和远东美陆军总司令。

◎ 最后岁月

盟军最高司令部深受震动,很少有人想到麦克阿瑟会因他的行为而受到处罚,更不用说撤职了。包括麦克阿瑟在内的许多人被这种出其不意的撤职方式所激怒,认为处理这件事的粗暴方式是"对将军自尊心的不必要的冒犯"。

在美国国内,解除麦克阿瑟职务的消息一公布,立刻闹翻了天。一些州议会、市政议会纷纷休会、谴责、抗议,并对麦克阿瑟遭"政治谋杀,致以沉痛悼念"。

在日本,麦克阿瑟突然被免职在各界人士中引起相当大震动。日本人往往把当政者神化以求安心。在天皇成为凡人后,麦克阿瑟自然被神化了。现在一纸电文就撤了他的职,使日本人感到张皇失措。

4月16日,在远东度过14年的时光后,麦克阿瑟一家人整装待发了。

前往机场的车队像是参加国葬,在场的每一名士兵、水手、飞行员及警察肃立在街道两旁。仪仗队后面有成千上万的日本人站成四五排,哭着、喊着、挥着手。

回到美国后,麦克阿瑟把家安在纽约沃尔多夫·阿斯托利亚饭店第37层的一个高级套房中,室内装饰得富丽堂皇,既作为家,又作为办公室。在那段感情激荡的日子里,他每天都接到上千次电话、收到上万封电报和信件,内容基本上都是华丽的赞美之词。

1952年,是美国的大选年。麦克阿瑟又接受了提名。

7月7日,麦克阿瑟被邀在共和党大会上作重要讲话。当他走进大厅时,受到了惊人的热烈欢呼和热情洋溢的欢迎。然而,这一机会便很快失掉了。他的演讲华而不实,冗长无味,并充满陈词滥调。他的讲话被淹没在一片嘈杂声中,场面十分令人尴尬。

之后,心情沉重的麦克阿瑟悄悄离开会场,返回纽约,抱着一线希望,等待大会投票结果。但在 7 月 11 日的投票中,麦克阿瑟只得了 10 票。就这样,麦克阿瑟的美梦再次成为泡影。

自这次竞选失败后,麦克阿瑟终于认识到,他一生中最大的失策就是对政治感兴趣。于是他彻底打消了从政的念头,于 1952 年 8 月 1 日应邀出任雷明顿—兰德公司董事长。这是个礼仪上的而又薪俸很高的职务。从此之后,麦克阿瑟确实慢慢地从公众视野中消逝了,一直在阿斯托利亚饭店过着隐居般的生活,再也不想创造奇迹,也不想制造麻烦了。

在隐居生活期间,麦克阿瑟的身体状况一直是比较健康的。但在 1960 年,他年已 80 岁,由于前列腺严重发炎而几乎丧命。从那以后,他似乎再没有完全康复。1963年他的生命力在衰退,但还在挣扎着写他那冗长的回忆录。

1964 年,他的生命开始走向尽头。他患上了急性肾炎和肝炎等多种疾病。

3 月 2 日,琼陪着他到了华盛顿的陆军医院治疗。记者们闻讯前往探访。他们所看到的麦克阿瑟已全无昔日的风采。他面容憔悴、瘦骨嶙峋。医院连续给他做了几次手术也未能挽救他的生命。

1964 年 4 月 5 日下午 2 时 30 分,这位勇猛无畏的军事天才停止了呼吸。美国政府给予麦克阿瑟应得的葬礼。他的遗体被先后摆放在华盛顿、纽约和诺福克供人凭吊瞻仰。

4 月 11 日,星期六,随着军号手吹起熄灯号,这位昔日叱咤风云的老战士被放进了墓穴。他的朋友们在诺福克的前市政大厅中为他建了一座巨大宏伟的大理石纪念碑。一个杰出的生命永远载入了史册。

第五章

农民出身的苏联元帅朱可夫

◎ 苦难少年

第二次世界大战中功名显赫的苏联元帅——格奥斯坦丁维奇·朱可夫,1896 年 12 月 2 日出生于莫斯科西南的卡卢加省斯特烈耳科夫卡村。小朱可夫的家境贫寒,全家人住在一幢很破旧的房子里,房子的一角已几近坍塌。他的家世无人知晓,因为他的生身父亲康斯坦丁·朱可夫就是一个可怜的弃婴,出生仅 3 个月就被遗弃在孤儿院。好心的寡妇安努什卡·朱可夫收养了他,并让其随了自己的姓。

在朱可夫的父亲 8 岁时,养母就去世了。为了维持生计,他独自一人到乌戈德厂村跟一位皮匠学手艺。但因为年幼,在学徒期间主要是干杂

活,甚至是替老板带孩子、喂牛,因此当三年"满师"时,他并没学到什么,只好到别的地方找活干。他步行到莫斯科,终于在那里的维义斯制鞋厂找到了工作,并学到了鞋匠的手艺。

朱可夫的父亲在 50 岁时结了婚。当时朱可夫的母亲 35 岁。俩人都是第二次结婚,也都是在自己第一次结婚后不久就丧偶的。朱可夫的母亲叫乌斯季妮娅·阿尔捷米耶娜。她也是出生在邻近村庄一个贫穷的人家。

当时正是俄国最黑暗的沙皇时代,卡卢加省的农民生活十分艰苦,贫瘠的土地很难养活一家老小。朱可夫的父亲在莫斯科打工,很少有钱寄回来,莫斯科工人的工资甚至难以维持自己的生活,直到 1905 年,朱可夫的父亲和许多工人一道因为参加示威游行被工厂开除,回到村子干起了皮匠活和农活,生活才稳定一些。

但由于家境的穷困,朱可夫的母亲不得不额外找活干。冬夏或早秋季节,她拼死拼活在地里干,到晚秋时候就到县城,帮人把食品杂货发送给乌戈德厂的商人。运一趟,得到的钱甚至比一个乞丐讨到的钱还要少。但为了一家人不被饿死,她毫无怨言地干着。

在朱可夫 5 岁时,他又有了一个弟弟,这对朱可夫一家来说,更加重了负担。为了养活这个瘦弱的孩子,朱可夫的母亲产后几个月,就进城挣钱。几乎所有的街坊邻居都劝她留在家里照看孩子,但饥饿威胁着全家人,她不得不去。当年秋天,朱可夫那不到 1 岁的弟弟就夭折了。

就在同一年,朱可夫一家又遭到了另一件不幸的事,他家那幢破旧的老房子因为年久失修,房顶塌了下来,而且冬天很快就来了。为了能有个屋子过冬,朱可夫的父亲用分期付款的方法买了少量的木料,在周围邻居的帮助下,终于赶在冬天来临之前把房子盖好了,但这房子非常简陋,门是用旧板子拼凑起来的,窗户上的玻璃都是破裂的,这只能算作一个栖身之地。

春去秋来,小朱可夫应该上学了。朱可夫进了一所学制三年的教会小学,成绩一直很优秀。1906 年毕业时,朱可夫因学习成绩好而获得了一张奖状。

小学毕业,在村子里就是"文化人"了,父亲有意带他去莫斯科学手艺。

1908 年 7 月,12 岁的朱可夫见到了舅舅米哈伊尔,他是一个毛皮匠兼皮货商人。

他的这个舅舅小时也很苦,从小在毛皮作坊学徒。成了师傅后,靠省吃俭用,拼命干活,白手起家,成为一个唯利是图的老板。他看不起朱可夫的父亲,认为他空有一身好手艺,却挣不到钱。

朱可夫被父亲带去见这位舅舅,在此之前他从没见过他,米哈伊尔舅舅没有答理朱可夫父亲的问候,也没和他握手,而是盯着朱可夫看了看说:"小伙子! 怎么,你想当毛皮匠吗?这个行当不错,但很苦啊!"

"我不怕吃苦。"朱可夫回答道。

"识字吗?"朱可夫的父亲把他的奖状递过去,米哈伊尔看了一眼说:"好样的！我收下了,你很结实,看来也不笨。我妻弟谢尔盖,过一个星期去莫斯科,让他把你带到我那里吧。"

一星期后,朱可夫和谢尔盖叔叔踏上了去莫斯科的旅途。

朱可夫平生第一次坐上了火车,经过 4 个多小时的夜间旅行,在黎明时分到达了莫斯科。莫斯科的一切,对朱可夫来说都是超出想象的。

高大的房屋,华丽的商店,肥壮的大马和横七竖八地躺在地上和人行道上的衣衫褴褛的醉汉形成了鲜明的对比。

这些都给少年时期的朱可夫留下了深刻的印象。

第一天,舅妈——老板娘详细地给朱可夫解释他未来的职责,如打扫房间,为大小主人擦鞋,甚至为女主人买菜,等等。吃午饭时,朱可夫就因为从菜盆里捞了两块肉吃,脑门上重重地挨了一勺子,头上立刻起了一个包。这是他到莫斯科不到半天时间的第一次挨打,以后挨打成了家常便饭,不仅要挨老板的打,还要挨师傅、工头和老板娘的打。

这段时间里,如果说朱可夫还有什么幸运的事情,那就是他和老板的大儿子亚历山大关系不错,因为是同岁,亚历山大对朱可夫比对别人要好些,他常常借给朱可夫书看。起初是几部小说,虽说有趣但却没有什么教益。

在亚历山大的帮助下,朱可夫开始进一步学习俄语、数学、地理,并阅读一些通俗科学读物。开始的时刻他躲着老板,但很快老板还是知道了朱可夫在学习,他非但没有惩罚朱可夫,还夸奖了他这样做是件好事。这主要是因为老板对朱可夫的工作很满意。在老板的两个儿子的极力劝说下,老板终于同意让朱可夫去上课程相当中学的文化夜校上课,但前提条件是不允许影响干活。

到了 1911 年,朱可夫已经做了三年的学徒,并且当了学徒工的工头,手下有三名学徒工,他也顺利地学完了市立中学的全部课程,而且成绩很好。他已不满足于学习本上的知识了,他常拾些师傅们读过的报纸看,也向亚历山大借些杂志看。

1912 年夏天,16 岁的朱可夫终于得到了他学徒四年来的第一个假期,虽然仅有十天的时间,但朱可夫仍很高兴。他给家里每一个人都买了礼物,而对于劳苦功高的母亲则另有一份厚礼,那是三个卢布、两俄磅糖、半俄磅茶叶、一俄磅糖果,另外他给父亲一个卢布作为零花钱。家里人都很高兴,这是朱可夫去莫斯科学徒四年来的第一次见面。

在回莫斯科之前的一个晚上,邻村发生了一场大火。本村的人都赶去救援,朱可夫冒险救出了几个孩子和一位生病的大婶。这场大火让朱可夫内心感到十分沉痛,那些被烧毁了家具,甚至烧死耕牛,烧光了仅有的存粮的人家,失去了一切,对他们来说将意味着什么。

◉ 从士兵到红军团长

1912 年底,朱可夫的学徒期满了,当上青年师傅,每月工资有十卢布,行动也相对自由多了。

朱可夫开始更加用功地读书。为了能得到更多的时间看书,有一个好的学习环境,朱可夫决定搬出作坊,到外面租房子住。通过朋友介绍,朱可夫在奥哈得内街的私人住宅租了个床位,每月租金三卢布。房东是一位待人热情的寡妇,名叫马雷舍瓦娅,她有个漂亮的女儿叫玛丽亚,母女俩相依为命。

朱可夫白天在作坊工作,晚上回到租的房子里学习,常常学到深夜。玛丽亚终于注意到这个好学上进的小伙子,她常常到朱可夫的房里聊天,并约朱可夫一起出去玩。没多久,他们就相爱了,甚至约定了结婚的日期。

1914 年第一次世界大战爆发了,德国和俄国宣战了。在宣传的影响下,许多青年,特别是有钱人的子弟,志愿上前线去打仗。他们都抱着一种幼稚的爱国主义情绪。这时亚历山大也决定上前线,他跑来找朱可夫,争取和他一块去。朱可夫最初也动了参军"报国"的心思,但隐隐约约觉得有点不对劲,就去找他以前的老师傅费多尔·伊万诺维奇。在当学徒工时费多尔是所有师傅中最有经验和威信的,也是对朱可夫最好的,朱可夫把他看做自己的长辈。师傅听完朱可夫的话后说:"我理解亚历山大的心愿,他父亲有钱,他有理由去打仗。你呢?傻瓜,你为什么去打仗?是因为你的父亲被赶出了莫斯科?还是你的母亲被饿得发肿?……你被打残废回来了,就再也没人要你了。"

于是,朱可夫照样跟亚历山大说了一遍,表示他不想去打仗。亚历山大痛骂了朱可夫一顿,当晚他就从家里逃走,上前线去了。

1915 年 5 月,沙皇政府下令提前征召 1895 年出生以后的青年,朱可夫不得不当兵上前线。他和玛丽亚也不得不分开了,战争使他和玛丽亚结婚的希望落空了。

1915 年 8 月 7 日,朱可夫应征入伍,并被选送到骑兵部队。很快所有应征青年都到兵部编队,当晚就被装上货车,开往卡卢加城。

到达军营后,朱可夫被编入后备步兵第一百八十九营,这是属于后备骑兵第五团。在离开这儿以前,他们将受非常严格的训练,甚至可以说是残酷的。1915 年 9 月,朱可夫所在的第一百八十九后备营被派往乌克兰境内的后备骑兵第五团。

然而,骑兵训练更为艰苦,除了一般的课目外,还要学习骑术,掌握冷兵器。每天骑兵要比步兵早起一个小时,晚上晚睡一个小时,一天要刷三次马。而且朱可夫遇上了一位极其残暴的指挥官——下士博罗达夫科。尤其在排长休假期间,他代理排长时,更是毫不顾忌,肆意侮辱士兵。

1916 年春天,朱可夫已经是一个训练有素的骑兵了。朱可夫由于受到排长的器重,被作为训练成绩最好的 30 名士兵之一送到教导队,准备培养当军士,剩下的则编成补充骑兵连,开赴前线。

朱可夫并不想躲在后方训练当军士,他更希望到前线为自己的祖国而战。排长劝住了他,告诉他现在更多地学些军事,这对你很有用处。

在教导队,朱可夫却遇上了一个比博罗达夫科更坏的长官。

虽然朱可夫性格刚毅、坚

强,但是训练上他很难抓到朱可夫的把柄。因此,他没有像对待其他士兵那样暴打朱可夫,也可能是他有点畏惧这个脾气倔犟的小伙子。但他却用更损的招儿惩罚朱可夫的每一点小小的过错。

朱可夫常常穿戴全副战斗装备顶着马刀罚站,几乎在所有节假日被排作值班。

最后因朱可夫拒绝担任他的抄写员,差一点被开除教导队。

由于朱可夫在教导队里优异成绩,队长过问了此事,终于参加了毕业考试,并获得准军士衔,而按理朱可夫可以凭着优异的训练成绩获下士军衔,并在部队担任班长的空缺。

1916 年 8 月朱可夫被分配去前线——骑兵第十师。他当然知道这是谁的意见,但他并不害怕。因为很久以来他就想去战场上经受一下洗礼,为此甚至暗自庆幸终于离开了那个浑蛋。

在新兵们在开往前线途中的一个小站上集合时,朱可夫经受了第一次战争的洗礼。装卸车时,敌人一架飞机对他们进行空袭,炸死了一名士兵,炸伤了五匹马。

不久，朱可夫在一次侦察活动中，被地雷震伤。他被送到哈尔科夫疗养。出院时，由于没有完全痊愈，听觉也不太好，医务委员会建议把他调到补充骑兵连。这时的朱可夫由于一次负伤、一次俘虏了一名德国军官，胸前挂着两枚乔治十字勋章，并被提升为军士。

1917年2月27日凌晨，全连紧急集合，士兵们配发了子弹，并快速向骑兵第五团的司令部前进。在路上他们碰到一些手持红旗的示威群众。

一个高个子士兵转身向周围的士兵宣布俄国的工人阶级、士兵和农民不再承认沙皇尼古拉二世，也不愿再为资本家和地主卖命。俄国人民不愿再继续这个血腥的帝国主义战争，他们要和平、土地和自由。

全场顿时一片寂静，士兵们在没有任何命令的情况下，和游行的工人混合到一起了，四处响起"乌拉"的欢呼声。

很快朱可夫知道了，他们的骑兵大尉和其他一些军官被士兵委员会逮捕了。部队返回驻地第二天，士兵委员会被派来命令连队选举出席团苏维埃代表和本连士兵委员会。

朱可夫被一致推选为连士兵委员会主席，并出席团苏维埃代表大会。从此，他作为沙皇保镖骑兵的生涯结束了。

当时，军队里的内部斗争非常激烈，朱可夫所在的团没过多久，社会革命党人和孟什维克就钻进去掌了权，重新拥护临时政府。

由于当时情况复杂,朱可夫和连士兵委员会决定解散连队,给士兵发给退伍证,并鼓励他们带走武器和弹药。

连队遣散后,朱可夫却到处遭到乌克兰民族主义军官搜捕。几个星期他只能躲在巴拉克列亚城内和拉格尔村里。

直到 1917 年 11 月 30 日,布尔什维克夺取政权后几个星期,朱可夫才回到莫斯科。

朱可夫在家乡和父母团聚了两个月后,决定走山家门。但是,一场斑疹伤寒和接踵而来的回归热把他困在病床上达半年之久,直到 1918 年 8 月,刚痊愈不久的朱可夫再次回到莫斯科,参加了莫斯科骑兵军一师第四团,终于实现了他加入红军的愿望。

◉ 参加国内战争

1919 年 3 月 1 日,朱可夫正式加入共产党,9 月在察里津附近爆发的一场战斗中,朱可夫再次负伤。当时的战斗非常激烈,双方损失都很大。最后在白刃战时,朱可夫左脚和左肋部受伤,他不得不被撤下来送进医院。

由于身体极为虚弱,他被给予了一个月的假期恢复健康,他就借此机会回家探亲。假期很快过去了,朱可夫跑到兵役局请求去作战部队,但却由于身体没复原而被送到后备营。随后又被派到红军指挥员训练班去学习。这

个训练班在梁赞省的斯塔罗日洛沃,主要是为那些在战争中表现突出的人举办的。朱可夫当了第一连的司务长。

1920 年 7 月结束了骑兵训练班的学习后,朱可夫来到莫斯科接受进一步的训练。此时的朱可夫已成为正式的军官。值得一提的是,朱可夫回到莫斯科,他去找他过去相恋的女朋友玛丽亚,但当他来到过去住过的地方一打听,玛丽亚已经嫁给了别人。朱可夫很伤心,但是没去再找玛丽亚,他认为作为一名军人理应坚强地面对生活,而不能为儿女私情所左右。

他离开了那个地方,从此以后再没见过玛丽亚。几年后朱可夫遇到了另一个姑娘,名叫亚列克山大拉,婚后生了两个女儿,爱拉和耶拉。一直到朱可夫晚年遭受政治上的挫折而离婚,这是后话。

这时,朱可夫已开始显露出他的军事才华,并受到了红军领导人的注意。

8 月份,朱可夫所在的学员混成团在莫斯科第二学员旅骑兵团准备开往攻打弗兰格尔的前线。朱可夫所在营没有参加最后歼灭弗兰格尔军队的战斗。他作为最好的学员提前毕业,补充指挥员伤亡过重的独立骑兵第十四团旅第一团,第一个职务是排长,剩下的学员受命追击逃往高加索山里的匪徒。

后来这批学员在山里遭到伏击,受到了严重的损失。包括团政委在内的大部官兵都牺牲了。

由于朱可夫表现出色,不久就被提升为骑兵第一团第二连连长。1921 年春,朱可夫所在的部队与安东诺夫匪军进行了多次艰苦战斗。一次朱可夫所带的连队与数量两倍于己的安东诺夫骑兵相遇,朱可夫一马当先,带领全连向敌人猛冲过去。在白刃格斗时,朱可夫的马被刺倒,把朱可夫压在马下。

政治指导员诺刀夫卡及时赶到,把他救了出来,并帮他夺得了白匪的一匹马。

当天,在又一次冲锋中,朱可夫的马匹再次被打倒,他只能用手枪向敌人射击。因为这次战斗中的英勇表现,朱可夫被授予了红旗勋章。随着苏联国内战争的结束,国家开始着手和平建设,并有计划地进行复员退伍工作。到1924年底,整个苏联武装部队人数由550万缩减156万人。朱可夫却作为骨干保留下来。

从1922年6月到1923年3月,朱可夫先到骑兵第三十八团担任一个连的连长,接着就提升为萨马拉骑兵第七师第四十团的副团长。1923年4月,他被任命为布祖卢克骑兵第三十九团团长。

从1926年冬季,由于团的工作出色,朱可夫被正式任命为团的单一首长,并成为骑兵第七师的第一个单一首长。1930年5月,朱可夫又被任命为萨马拉骑兵第七师第二旅旅长。

从此之后,朱可夫在仕途上可谓青云得意,一路晋升。于1937被任命为第四骑兵师师长。

朱可夫很高兴地接受了这一任命。因为第四骑兵师是第一集团军的核心,有着辉煌的历史,能去这样的部队无疑是一种考验,同时也能学到很多东西,这正是朱可夫所希望的。

1937年,对苏联红军各级军事指挥员的"大清洗"开始了。一大批杰出的军事将领惨遭杀害。这场运动给红军造成了巨大的损失,远远超过了一场战役的失败带来的不幸。

直接后果就是第二次世界大战德国进攻苏联时一触即溃。苏联武装部队由于失掉了一大批具有丰富经验的指挥员和政工人员,在大战开始时,军队许多职务都由年轻干部担任,他们缺乏在复杂的环境中统率军队的充分知识和经验。

幸运的是这次大清洗的厄运并没有落到朱可夫头上,反而为他提供了更快提升的机会。主要是因为斯大林出于对骑兵领导人的特别态度。斯大林对骑兵领导人布琼尼的信任,使骑兵部队高级指挥员受镇压的人数比其他部队少得多。

1937 年夏季,朱可夫回国就任骑兵第三军军长,1938 年初改任为骑兵第六军军长,他的老部队第四师欣喜地迎接了自己的老首长。随着地位的提高,以及对胜任更高的指挥位置的信心和预感。朱可夫进行了重大战役的研究工作。虽然在红军中建立机械化大兵团的努力暂时受挫,他坚信未来的军事形势发展必定会证明自己主张的正确性。因此,集中力量研究"骑兵机械化集团军中的骑兵战斗使用问题",其实主旨还是放在"机械化集团军"上。

1938 年夏,朱可夫又被作为军事使团的一员派往中国,了解日本军队的战略战术,支持中国的抗日战争。后来证明朱可夫在中国没有参与中心工作,他的才干也没有被发挥,近乎无事可干。同年冬天,朱可夫被调回国内,任白俄罗斯军区副司令员,这样他就有了指挥一个大战役军团的机会,也为他展露才华创造了条件。

1940 年 5 月初,朱可夫接到命令,去人民委员会另行分配工作。当他回到莫斯科时到处是一片赞扬声。政府颁布命令,提前晋升朱可夫为大将军衔。几天后,斯大林亲自接见了朱可夫,并任命他为基辅特别军区司令员,基辅特别军区是苏联最大的军区。

◉ 风暴即将来临

朱可夫来到基辅特别军区,受命担任军区司令员。1941年1月31日,朱可夫正式出任苏军总参谋长。

朱可夫一到任就立即投入工作。

当时的德国正加紧准备进攻苏联。

此时的斯大林一直抱着这样一个愿望,战争能避免则避免,实在避免不了则尽量往后拖。为了避免战争,斯大林甚至不惜讨好德国人。

可事实上,朱可夫的总参谋部于5月中旬就制定了一个补充作战计划。计划要求在宣布动员后的几天内立即向边境军区迅速增援。令人遗憾的是,在这危急关头,斯大林仍然处于一种矛盾的状态。

1941年6月13日,铁木辛哥当着朱可夫的面给斯大林打电话,要求批准下令边境军区部队进行战斗准备,并根据掩护计划展开第一梯队。而备战命令直到6月22日零时30分才下达,已为时过晚。

1941年6月22日凌晨3时零7分,黑海舰队发现有大量

来历不明的飞机正向苏联海岸接近。3 时 30 分,西部军区报
告,德军空袭了白俄罗斯的城市。3 分钟后,基辅军区报告,
乌克兰的城市遭到空袭。3 点 40 分,波罗的海沿岸军区报
告,德国飞机空袭考那斯和其他城市。

战争终于爆发了!

6 月 23 日上午,斯大林接见了朱可夫,批准了朱可夫提
出的实行全国总动员和成立统帅部的命令。最高统帅部由斯
大林、铁木辛哥、朱可夫、莫洛
托夫、伏罗希洛夫、布琼尼和
库兹涅佐夫组成,铁木辛哥任
最高统帅部主席。同时,波罗
的海沿岸特别军区、西部特别
军区和基辅特别军区,相应地

改组为西北方面军、西方方面军和西南方面军(24 日,又组建
了北方方面军、南方方面军)。并派朱可夫到西南方面军担任
统帅部代表。要求他必须马上飞往基辅,会同赫鲁晓夫到设
在捷尔诺波尔的方面军司令部去。

当日黄昏,朱可夫赶到基辅,赫鲁晓夫正在等他。赫鲁晓
夫建议他改坐车去捷尔诺波尔,因为德国飞机已经取得了制
空权,乘飞机太危险了。

朱可夫听从了这位老朋友的安排。朱可夫到达西南方面军
司令员基尔波诺斯的指挥所时已是深夜了,他立即同瓦杜丁通了
电话,以了解其他各方面军的情况。但结果令他十分愤怒。

朱可夫亲自赶到担任主攻任务的机械化第八军,军长利
亚贝舍夫是他的老部下。

6 月 24 日,按照统一部署,机械化第八军在别烈斯帖

奇科方向转入进攻；机械化第十五军在腊迭霍夫以东进攻。这两个军的出色战斗，使德军第一装甲集群的第四十八摩托化军陷入十分危急的境地。德军不得不调动全部空军到这一地域抗击苏军的反突击，才使第四十八摩托化军免遭全军覆没。

就这样，西南方面军胜利地实施了对法西斯德军的最初的一次反突击。由于朱可夫强有力的指挥与第八、第十五、第十九三个机械化军的卓越表现，使德军迅速突进到基辅的计划，遭到严重挫折。

然而，就在西南方面军取得一些战果时，西方方面军和西北方面军的情况则十分危急。这两个方面军的司令员、司令部仍没有同各集团军司令员建立稳定的通信联络。各师、各军不得不彼此孤立地作战，缺乏同友邻部队、同航空兵的协同动作，缺乏上级的及时指挥。德军大量装甲坦克部队和摩托化部队已在西方方面军和西南方面军的许多地段上完成了突破，并在白俄罗斯和波罗的海沿岸地区迅速推进。

苏军全线在退却，形势相当严峻。6月26日，斯大林命令组成预备队方面军，编有第十九、第二十、第二十一和第二十二集团军。而此时，西方方面军则遭受了重大损失，他们面对的是德国的著名坦克专家古德里安大将。方面军司令帕夫洛夫指挥的第三、第十、第四集团军在向明斯克退却时，不断遭到德国空军和装甲部队的袭击，在节节败退中，损失惨重。

当日中午，斯大林打电话给在西南方面军的朱可夫说："西方方面军形势严重，我不明白帕夫洛夫是怎么啦。库利克元帅不知道在哪里，沙波什尼科夫元帅生病了。你能不能马上飞到莫斯科来?"当朱可夫飞抵莫斯科时已是当天深夜了。朱可夫直接从机场去见斯大林。在斯大林的办公室,铁木辛哥和瓦杜丁也等在那里。斯大林直截了当地说:"请你来一起考虑一下,并且请你谈谈在目前情况下能够做些什么。"朱可夫请求给予40分钟的时间研究一下。他和铁木辛哥、瓦杜丁来到隔壁房间讨论西方方面军的形势。

朱可夫从中了解到,由于方面军司令员帕夫洛夫既不确切知道第三、第十和第四集团军的情况,又不完全了解突入的敌坦克集团的情况,往往下达不符合情况的命令,致使第三和第十集团军余部被合围于明斯克以西,进行力量悬殊的战斗。第四集团军则已退入普里皮亚特森林中。

经过讨论形势以后,朱可夫认为在这种情况下除了建议使用预备队方面军立即在两德维纳—波洛茨克—维捷布斯克—奥尔沙—莫吉廖夫—莫济里一线占领防御以外,拿不出更好的办法。

朱可夫建议在通往莫斯科的道路上建立纵深梯次防御,以疲惫敌人,将其阻止在某一防御地区,然后集中必需的兵力(一部分从远东抽调,主要靠组建新部队),组织反攻。但将德军阻止在哪里,哪里是合适的反攻出发地区,有多少部队用于反攻,这些全都是未知数,当时它只不过是一种设想。经斯大林批准后,朱可夫立即给西方方面军参谋长克里莫夫斯基赫将军传达统帅部的命令。要求西方方面军司令部尽快找到所有的部队,使部队得到一切作战必需品。朱可夫指示指挥员们要更大胆些,只要能掌握到部队,特别是坦克部队,就可实施歼灭性的突击。如能对敌机械化部队实行夜间进攻,必将取得特别重大的胜利。

他还命令,组成独立的小群骑兵,由忠诚勇敢的中级指挥员负责指挥,派往所有的道路上,对德军及其后方机关展开大胆而广泛的袭击。但西方方

面军所有地段的形势仍在恶化。

尽管方面军的各级官兵表现得非常英勇,6 月 29 日明斯克最终还是失陷了。

6 月 30 日,当朱可夫再次通过"博多"式电报机同西方方面军司令员帕夫洛夫进行联系时,朱可夫愤怒地发现司令员本人对方面军的情况仍了解很差。朱可夫甚至不得不去证实一些从德国广播中得来的消息。斯大林两次来到国防人民委员部和统帅部,对西方方面军的形势极为不满。当天朱可夫授命召回帕夫洛夫大将。

第二天,当帕夫洛夫回到莫斯科时,朱可夫已几乎认不出他来。在短短的 8 天时间里他像是变了一个人。就在当天,帕夫洛夫被解除了方面军司令员的职务,送交军事法庭审判。并根据西方方面军军事委员会建议,同时送上法庭的还有参谋长克利莫夫斯基等另外几位将军。这些将领经法庭审判后全部被枪决。为了加强西方方面军,国防人民委员铁木辛哥被亲自任命为西方方面军司令员,叶廖缅科中将为副司令员,

同时编入了预备队方面军的几个集团军。

根据西北方面军的情况也在继续恶化,西北方面军司令员库兹涅佐夫被解职,由索别尼科夫少将接任,瓦杜丁被任命为方面军参谋长。

8月8日,斯大林被任命为最高统帅。在整个7月份,苏军各个战略方向上的形势更加恶化,新的一轮战斗来临了。虽然大量来自内地军区的兵团投入战斗,但苏军仍无法建立稳定的正面战略防御。正在这时,铁木辛哥指挥西方方面军进行比亚事斯托克—明斯克会战,由于德军兵力上占绝对优势,特别是在决定性上拥有3—4倍于苏军的兵力。西方方面军很快陷入了德军的重重包围中,会战遭到惨重失败。

7月9日,会战结束。铁木辛哥率领的西方方面军主力被歼,其中第三、第十集团军全军覆没。刚补充投入战斗的第十三集团军损失三分之二。

据德军的统计,苏军在这次会战中损失火炮1809门,坦克3332辆,被俘323898人,其中有不少军长和师长。西方方面军的失利,使苏德战争上的兵力兵器对比,变得更加有利于德国。在短短半个月的时间里,德军已深入苏联腹地500到600公里,夺取了大批重要的经济地区和战略要地。7月底,朱可夫和铁木辛哥被紧急召见。朱可夫以为是研究下一步的行动。

但当他们来到斯大林的别墅时,发现几乎全部的政治局委员都坐在那里。斯大林站在屋子的中央,手里拿着已经熄灭的烟斗。朱可夫知道这是他心情不好的征兆。朱可夫有点儿忐忑不安。"是这样的,"斯大林说,"政治局讨论了铁木辛哥担任西方方面军司令员期间的工作,决定解除他的职务。

有人提议由朱可夫担任这一职务。你们有什么意见?"斯大林转身询问朱可夫和铁木辛哥。铁木辛哥默不作声。

朱可夫只得说:"斯大林同志,我认为更换方面军司令员会严重影响到战役的进程。司令员还没有来得及熟悉情况,就不得不指挥困难的战役。铁木辛哥元帅指挥方面军还不到四个星期。他在会战中做到

三处在他的地位所能做的一切。我想,任何人也无法做更多的事情。部队信任铁木辛哥,而这是主要的一条。我认为,现在解除他的职务是不公正的,也是不适当的。"在其他几位政治局委员的附和下,斯大林勉强同意了朱可夫的意见。铁木辛哥被重新命令回到前线指挥西方方面军。

7月29日,朱可夫打电话给斯大林请求接见,在得到许可后,朱可夫带着一张战略形势图、一张德军部署图,以及关于苏军状况和物质技术储备的材料,来到斯大林的接待室。斯大林的秘书让朱可夫等一下苏军的总政治部主任麦赫利斯。提到麦赫利斯,他主要负责从7月份开始实行的政委制,而单一首长制则被取消。麦赫利斯以前还是在红军政治部进行军队大清洗者之一。

对此朱可夫对他感到厌恶,但也没办法,作为斯大林身边的红人儿。朱可夫只能对他敬而远之。10分钟后,朱可夫被允许进办公室,麦赫利斯已经在里面了。

斯大林说："来吧,现在可以报告你的想法了。"朱可夫把精心准备的材料摊在桌上,详细报告情况。"你从哪里知道德军将如何行动的?"麦赫利斯首先生硬地打断朱可夫的讲话。"我不知道德军的行动计划,"朱可夫不耐烦地回答说,"但是根据对情况的分析,他们只能这样,而不会有别的做法。我的推测是根据对敌重兵集团首先是装甲坦克和机械化部队的状况和部署的分析作出的。""继续讲下去吧。"斯大林说。随着朱可夫对形势的分析,斯大林开始警觉起来。

此时朱可夫知道只有用事实才能说服斯大林,他想自己只能在前线尽最大努力减少损失,给德军以尽可能大的打击,以证明自己的军事才能。

后来的事实的确证明了朱可夫是完全正确的。为了保卫基辅,苏德双方激战了一个半月,最后苏军遭到巨大的损失。原因是由于斯大林不同意在紧要关头把部队从德军的包围中撤出,并命令不惜任何代价守住基辅。

希特勒由于基辅的胜利而趾高气昂,他决定继续往前挺进,在进入冬季以前占领莫斯科。

8月下旬,朱可夫的预备队方面军向叶利尼亚地区的德军发起进攻。战斗十分激烈。朱可夫动用了方面军所有的飞机、坦克、大炮和新研制的火箭炮"喀秋莎"。

在朱可夫卓越的指挥下,苏军于9月6日攻占了叶利尼亚。这次战斗,苏军共歼敌近 5 个师,消灭德军约 5 万人。这是战争开始以来,苏军取得的第一次重大胜利,由此苏军的士气大为提高。

9 月 9 日,朱可夫带领霍津中将、费久宁斯基少将和科科佩夫少将乘专机飞往列宁格勒。

◉ 列宁格勒保卫战

1941 年 9 月 10 日晨,朱可夫的座机在一队歼击机中队的保护下从莫斯科的伏努科沃机场起飞。

天空乌云密布,在飞机上朱可夫对这样一个"良好"天气感到满意,天气给敌机起飞制造了困难。一下飞机,朱可夫就急着赶往列宁格勒方面军司令部所在地——斯莫尔尼宫。

他马上采取了措施。改组了方面军的领导机构,费久宁斯基被任命为副司令;霍津被任命为参谋长;第四十二、第八两个集团军司令员也被撤换了。

然而,局势变得更加紧张。德军加紧了进攻,由于方面军各个地段上都严重缺乏反坦克炮,德军开始不断逼近到列宁格勒城市附近。

朱可夫首先着手在部队中建立严格的秩序和纪律,大大改进部队指挥。他颁布命令,凡是失职的都要处决。

9月13日清晨,朱可夫不得不将最后一个预备队——步兵第十师投入战斗。因为是最后一个,朱可夫下了很大的决心。直到14日晨,步兵第十师的突击使防御恢复了原态势。

朱可夫很快发现德军在进攻中已不那么主动,对于苏军的每一次反突击和反冲击都很敏感,立刻减缓进攻速度。朱可夫认为德国统帅部并没有集中兵力在突击的主要方向上,而分散在宽大的正面。这正是组织积极的反机动措施的有利时机。

朱可夫在详细制定了列宁格勒的防御作战计划后,强调必须树立军民的必胜信念。

此时,列宁格勒以南的筑垒地带大部分被攻破,最前面的德国装甲部队离城已不到7英里。9月15日,双方在乌里次克的争夺战更加激烈,苏军不间断地进行反突击,从德军手里收复刚丢失的阵地,许多朱可夫阵地一天之中几次易手。德军明显感到苏军打得更加拼命了。

当天晚上,德军第十八集团军在斯特列尔纳和乌里次克之间突入芬兰湾,把苏军第八集团军与列宁格勒隔开,这样守卫列宁格勒的苏军就只剩下第四十二和第五十五集团军了。德军统帅部命令第十八、第十六集团军发动钳形攻势,拿出八个师对付第四十二集团军,拿出三个师对付第五十五集团军。德军已开始近距离围攻城市。

9月16日朱可夫为了防止德军通过乌里次克向列宁格勒突破,用一个新组成的内务人民委员部步兵师、一个人民民兵师和两个水兵师和各空防单位人员组成的步枪旅加强第四十二集团军。朱可夫下令,未经方面军司令部明确批准,部队不得撤出防线。

9月17日至9月23日,德军六个整师在空军的配合下发动猛攻,企图从南面突入列宁格勒城区。朱可夫下令反突击。激战了整整六个昼夜,德军才开始后退。

在这一期间,最高统帅部命令库利克指挥第五十四集团军在东侧组织突击,以增援列宁格勒方面军。

这既可以援助列宁格勒的防御,并把"北方"集团军群的部分兵力从主要的普尔科沃地段吸引开,还可以打通到列宁格勒的路上运输线,收复姆加—施吕瑟尔堡地域,解除对列宁格勒的封锁。

朱可夫决定以一个师和涅瓦河战役集群一个旅的兵力同第五十四集团军相向进攻。虽然方面军已把所有的部队用到主要方向,每抽调任何一支部队,都可能给德军形成突破口,而将城市让给敌人。但朱可夫太需要物质供应了,他下了很大决心这样做。

令人遗憾的是库利克指挥的五十四集团军没有协同配合,迟迟不采取行动。朱可夫的部队在德军连续不断的火力下,强渡水势汹涌、宽达800米的涅瓦河,尔后穿

过沼泽地和森林向敌人冲击。而库利克却胆小怕事,以德军
转入进攻为由,拒绝向敌人进攻。

斯大林甚至给库利克打电报,提出"……不要拖延进攻准
备,要实施坚决的进攻,以便同朱建立联系"。然而第五十四
集团军的进攻还是拖延了几天。9 月 20 日,斯大林再次命令
库利克立即行动:

"21 日和 22 日这两天,必须在敌人正面上打开一个缺
口,并同列宁格勒方面军会合,再推迟就晚了。你太拖延了。"

然而这一命令又没有得到执行。

9 月 29 日,第五十四集团军拨归列宁格勒方面军指挥。
朱可夫不得不指派方面军参谋长霍津任第五十四集团军司令
员。但战机已被延误了,朱可夫派去接应的部队受到重大损
失后,退回涅瓦河。

朱可夫为了加强防御,把全城分为六个防御地段。

每个地段都建立了以营防
御区为基础的坚强阵地。在这
些地段内共建立了 99 个营防
御区。朱可夫要求必须在全城
建筑路障,在城的周围挖掘防
坦克堑壕。

到 9 月底,德军终于相信,
列宁格勒的防御十分坚强,以
现有的兵力摧毁它是办不到
的。德国指挥部决定用封锁的
办法把城里的人饿死,然后将城市摧毁。

直到 1943 年 3 月初,苏军开始全线反攻,歼灭列宁格

勒周围的德军兵团,朱可夫被再次任命指挥突破列宁格勒封锁的战役,才彻底结束了长达三年零一个月的列宁格勒保卫战。

10月初,德国人准备过冬了。10月5日,斯大林从莫斯科打来电话,要他立即回莫斯科,朱可夫告别了在列宁格勒共同战斗了20个日日夜夜的战友,飞往莫斯科。

◉ 莫斯科大会战

在他的机翼下可以看到一条灰黑色的蛇蜿蜒前行,那时德军坦克和摩托化纵队正在离开列宁格勒,前锋指向的也是莫斯科。朱可夫已预感到他肩上的重担,病中的斯大林顾不上寒暄,指着墙上的地图有气无力地说:"你看,这里的情况很严重。我无法从西方方面军和预备方面军得到有关真实情况的详细报告。由于不了解敌人进攻的地点和部署以及我军的情况,我们不能定下任何决心。现在请你到西方方面军司令部去一趟。"

朱可夫立即前往西方方向军司令部。当时,所有的领导人员都在方面军司令员科涅夫的屋子里开会。

朱可夫直接向科涅夫传达了最高统帅部的命令,并听取了马兰金情况汇报。

10月10日,斯大林要求朱可夫立即赶到西方方面军司令部。很快,朱可夫被任命为西方方面军司令员。布琼尼被召回,预备队方面军撤销后合并为西方方面军。科涅夫调往加里宁方面军。10月中旬从最高统帅预备队和友邻方面军调来了14个步兵师、16个坦克旅、40多个炮兵团和其他部队。重新组建了第十六、第五、第四十三和第四十九集团军。但总共只有9万人,重新组建了规模很小的第十六、第五、第四十三和第四十九集团军。

从10月13日起,在通向莫斯科的所有重要作战方向上都开始了激烈的战斗。当天朱可夫被迫放弃卡卢加。

10月15日,德军的坦克部队在西方方面军防御的中部方向上完成了纵深突破。这样一来,就在距离莫斯科62到74英里的接近地上造成了极其严峻的局势,情况十分危急。

到10月底,德军总共向前推进了230—250公里。但在苏军一个月的浴血奋战中,德军也被拖得筋疲力尽,突击集团也拖得很散,进攻能力一天天减弱。11月1日,朱可夫被召回最高统帅部。斯大林对他说:"今年十月革命节,除了开庆祝大会外,我们还想在莫斯科举行阅兵式,你认为怎样?前线的形势允许我们这样做吗?"朱可夫知道在这种最困难的时刻,斯大林的决定是有道理的,全军将士和全国人民此时最需要的就是必胜的信念。

11月7日,莫斯科上空飘着雪花,红场上举行了盛大的阅兵式。战士们全副武装,雄赳赳、气昂昂地从列宁墓前走过,直接开赴前线。这件事对于巩固军队和苏联人民的士气起到巨大作用,并具有重大的国际意义。

在此期间,朱可夫在受威胁的地段上设置了纵深梯次配置的对坦克防御,构筑了防坦克支撑点和防坦克地域。苏德军队双方都作了新的调整和补充。德中央集团军群总兵力增加到74个师和4个旅。其中在西方方面军正面,就集中了51个整编师,包括31个步兵师、13个坦克师和7个摩托化师。朱可夫的西方方面军也补充了10万官兵、300辆坦克和2000

门大炮,总兵力达到 35 个步兵师、3 个坦克师、3 个摩托化师、12 个骑兵师和 14 个坦克旅。

11 月 13 日,朱可夫突然接到斯大林的电话。斯大林说:"我同沙什尼科夫认为,应先于敌人进行反突击以粉碎敌人正在准备的突击。要在沃洛科拉姆斯克地区实施第一次反突击,从谢尔普霍夫地区的德军第四集团军侧翼实施另一次突击。"朱可夫表示强烈的反对,他很不理解在这种关键时刻,从哪里调用兵力实施这些反突击。他说:"我认为现在不能这样做。我们不能把方面军最后的预备队投入没有把握取胜的反突击中去。当敌人的突击集团转入进攻时,我们将无法巩固集团军的防御阵地。"但是斯大林主意已定,他武断地说:"关于反突击问题就这样决定了。今晚就将计划通知下去。"朱可夫很快知道,斯大林对他的申辩不满,朱可夫无可奈何地下令,在两个小时以后,第十六、第四十九集团军实施反突击。但德军兵力相当强大,除了在少数地区取得较大效果外,整个突击行动没有取得最高统帅部所预期的效果。

11 月 15 日清晨,德军向莫斯科发起了计划半个月之久的第二次进攻。双方展开了一场力量极不平衡的战斗。由于前一次实施的突击打乱了朱可夫的防御计划,并甩掉了他最后的预备队。苏军兵力明显不足,实力薄弱。尽管苏联官兵打得极其顽强,但最终还是向后不断撤到新的防线。

11月27日,德军攻占了离莫斯科仅有24公里之遥的伊斯特腊,这是这次大战中德军所到达的离莫斯科最近的地点。这意味着莫斯科已处在德军的大炮射程之内。

尽管德军的战线向前推进,德国部队已经被连续的战斗和严酷的寒冬弄得疲惫不堪。由于补给品奇缺,特别是缺少冬装,衣衫单薄的德军士兵在零下二十多度的冰天雪地里瑟瑟发抖,战斗力不断下降。

12月5日,德军终于失去了进攻莫斯科的信心。开始被迫退到纳拉河西岸。德军的"台风"进攻计划破产了。同时,也为苏军的反攻创造了时机。

朱可夫经过对形势的详细分析,认为此时的德军已极度虚弱,虽然德军兵力仍优于苏军,但战线拉得太长,达1000公里,兵力分散。而苏军兵力却比较集中。在这种时候,正是发动反攻的最佳时机。否则,德军从其"北方"集团和"南方"集团抽调强大的预备队来加强在莫斯科地区,那里局势可能会再度恶化。朱可夫向斯大林汇报情况,并呈报了发攻战役计划。当天晚上,朱可夫就接到通知,斯大林已决定开始反攻。

12月6日清晨,朱可夫的西方方面军从莫斯科南、北两面开始了反攻。几乎在同一时间,友邻方面军也分别在加里宁和耶列次地区向前推进。苏德双方展开了大规模的战斗。

已经削弱和极度疲惫的德军到 12 月 16 日,遭受了重大损失,在苏军的压力下,节节向西败退。此时,苏军已把德军赶出了加里宁、克林和耶列次。

希特勒气得大喊大叫,他命令前线部队禁止后退。

同时,德南线部队司令官伦斯德、坦克集团军司令古德里安等重要高级将领纷纷被革职。为了防止出现"兵败如山倒"的残局,希特勒决定亲自担任陆军总司令。

在整个莫斯科会战中,德军总共损失了 50 万人,1300 辆坦克,2500 门火炮,15000 多辆汽车和很多其他技术装备。德军则被击退了 150—300 公里。苏军解放了 11000 多个居民点。

1942 年 2 月和 3 月,最高统帅部要求在西部方向上加强进攻行动,但苏军这时各方面军的兵力和兵器都已大大地消耗了。已经迟了。希特勒已经大大加强了其维亚济马集团,并凭借预先构筑的阵地,开始组织积极的反突击行动。

朱可夫的西方方面军已筋疲力尽,但仍然要不断克服德军越来越强的抵抗,继续向前推进。为此,朱可夫不止一次地报告建议停止进攻,巩固已夺得的地区,但斯大林断然拒绝了这些报告和建议。相反,斯大林在 3 月 20 日又发出命令,要求朱可夫竭力去完成进攻任务。

事实再次证明朱可夫是正确的。苏军在遭受巨大伤亡后,不得不转入防御,莫斯科会战就此告一段落。

这是在整个第二次世界大战中,第一次使德军的主要集团遭到巨大失败。它打破了希特勒法西斯不可战胜的神话,也大大鼓舞了世界人民反法西斯主义的斗争。莫斯科战役后,德军的有生力量大大削弱,而且从此开始走下坡路。而苏军得到了进一步的发展壮大,士气高昂。在莫斯科战役胜利的基础上,从1942年1月8日开始,苏军在全国范围内转入了全线总进攻。到1943年3月,歼灭了列宁格勒的德军兵团,然后向西挺进,进行了著名的库尔斯克战役。

朱可夫作为拯救莫斯科的英雄而名声大噪。斯大林高度赞扬了朱可夫,他在一次讲话中说:"朱可夫同志的名字,作为胜利的象征,将永不分离地同莫斯科会战联系在一起。"

◉ 攻克柏林

1945年3月29日,斯大林电召朱可夫飞回莫斯科。斯大林待国防委员会散会后,单独与朱可夫会面。二人见面握手致意之后,就开门见山地说:"德国的西方战线已经彻底崩溃了,看来希特勒并不想阻止美英盟军的进攻。然而在同我们作战的各个重要方向上,他们却加强部署兵力。"然后又指着地图,继续说:"依我看,在柏林将会有一场恶战。"

而此时的德军,宁愿停止西线抵抗,为美英军队让开通往柏林的道路,也不想把柏林交到苏联人的手里。

当时在柏林地区,德军在对苏的方向上部署了90个师约100多万人、10400门火炮、1500辆坦克及3300架飞机,同时

在柏林城内编有 20 万人的预备队。而苏军参加柏林战役的部队是白俄罗斯第一方面军、乌克兰第一方面军和白俄罗斯第二方面军,总兵力在 250 万人以上,41600 门炮,6250 辆坦克,7500 架飞机。从兵力和武器装备上讲苏军明显占有优势。

在朱可夫接受命令后,回到白俄罗斯方面军。柏林战役的特殊性,使他格外重视战前准备,此时朱可夫知道对德军已很难隐瞒自己进攻的意图。其中柏林的咽喉奥得河成为进攻的关键所在,一旦奥得河被突破,苏军就能立即对柏林发起直接突击。

朱可夫一反常规,决定出其不意地实施夜间攻击。以往朱可夫总是清晨开始实施炮火准备,天色已亮时再让步兵和坦克实施冲击。他认为这次进攻确定在 5 时进行炮火准备。

5 时,朱可夫下令战斗开始。顷刻间,数千门火炮、迫击炮和火箭炮几乎同时发射,轰炸机隆隆作响,大地震撼,火光把大地照得雪亮。德军阵地几乎没有进行任何还击。

紧接着间距为 200 米的 140 部探照灯一下子都开亮了。总共 1000 多亿度的电光把德军阵地照得通明,德军士兵被这突如其来的强烈光柱照得目眩眼花,心惊胆战。苏军的坦克和步兵发起了总攻。黎明时,占领了德军的第一线阵地。

4 月 18 日晨,这个被称为"柏林之锁"的高地终于被朱可夫的部队打开了。

1945 年 4 月 20 日下午 3 时,朱可夫的第三突击集团军首先开始向柏林市区炮击。与此同时,科涅夫的乌克兰第一方面军也于 4 月 21 日越过柏林环形公路的防线。两个庞大的方面军包围了柏林。

4 月 25 日,朱可夫的白俄罗斯第一方面军转入了市内战斗。为了争取时间,朱可夫指挥部队昼夜不停地进攻。白天由第一梯队进攻,夜间则由第二梯队进攻,千方百计不让德军有机会建立新的防御支撑点。

从 4 月 21 日到 5 月 2 日,苏军向柏林发射了 180 万发炮弹,相当于 36000 吨钢铁的重量。

4 月 30 日,绝望中的希特勒与他的情妇爱娃·勃劳恩举行了凄惨的婚礼。下午 3 点半他开枪自杀,爱娃服毒自尽。

就在当天,苏军开始了攻克国会大厦的战斗。为了争夺这座象征第三帝国政权的宏大建筑物,苏德双方展开了一场近距离的血战。苏军不得不一层楼一层楼地与德军搏斗,直到晚上 21 时 50 分,苏军才终于在大厦主楼的圆顶上升起了胜利的旗帜。

5 月 2 日以临时被扶上台的德国海军上将邓尼茨宣布德国政府被迫宣布无条件投降,德军停止一切抵抗,至此柏林战役结束。在这场仅历时 16 个昼夜的战役中,苏德双方都付出了沉重的代价,苏军消灭德军 100 万人,俘虏 80 多万人,缴获和摧毁 6000 架飞机、1.2 万辆坦克、2.3 万门火炮。而苏军自己也伤亡了 30 多万人。至此,朱可夫获得了苏联全国和全世界人民极大的敬仰。

◉ 坎坷晚年

二战结束之后,斯大林委任朱可夫作为苏方最高长官,去柏林参加由苏、美、英、法四国接管德国的管制委员会。参加对德管制委员会的美国代表是艾森豪威尔,英国代表是蒙哥马利元帅,法国代表是塔西厄。在柏林,艾森豪威尔主动拜访了朱可夫。在朱可夫的总部,两位传奇式的军事首领按照军人的方式第一次相识了。礼节过后,艾森豪威尔拉着朱可夫的手,久久地注视着这位久闻大名的苏联元帅,从此之后他们之间建立了深厚的友谊。

1946 年 4 月,朱可夫被召回莫斯科负责陆军的工作,担任陆军总司令。在当时,他的名声仅次于斯大林。朱可夫回国后,朱可夫渐渐在政治斗争中显示出不适应。很明显,在政治上朱可夫远没有军事上的才能。他的倔犟、豁达而又喜欢自夸的性格、大胆果断的处事作风,以及独特和具有创造性的工作方式,使他与斯大林本人贯有的武断专横、沉醉于个人崇拜的作风难以相容。

1946 年 7 月,朱可夫被悄悄地任命为敖德萨军区司令,此举令朱可夫牢骚满腹。然而,这并非朱可夫下坡路的终点,斯大林仍对他存有戒心,朱可夫在敖德萨军区待了三年之后,又被调到乌拉尔军区更为低下的工作岗位。朱可夫无法忍受这样的打击和对他的诬蔑,他要求离开他终身为之服务的军队。

1950 年 6 月,朝鲜战争爆发后,国际形势开始紧张起来。斯大林这时又想起了朱可夫,通知他回莫斯科。在同年的苏共第十九次代表大会上,朱可夫被选为候补中央委员。直到 1953 年 3 月 5 日,斯大林因脑溢血去世,朱可夫的变化都不大。就在宣布斯大林逝世的同一天,朱可夫被任命为国防部副部长,并同时负责苏联陆军部队。他开始被重新起用。

不久,朱可夫被提升为党中央委员会的正式委员。走进了苏共党的最高决策圈,同时也登上了他个人政治生涯的顶峰。

在朱可夫的鼎力相助下,使赫鲁晓夫最终走上了苏联政治权力的峰巅。而朱可夫在此问题上的居功自傲,则令赫鲁晓夫难以相容。朱可夫一贯坚持军事首长"一长制"，瞧不起并排斥政工干部，对党的集体领导制度也感到是一种束缚。

在这种情况下，中央政治局的多数人不能不感到担心。特别是经常给朱可夫写信的艾森豪威尔不久又当上了美国总统，还想乘机与朱可夫重叙旧情，这使中央决定采取行动。在1957年10月朱可夫出访南斯拉夫和阿尔巴尼亚之际，他被解除了一切职务，并被迫彻底退休。

朱可夫的再次下台，使他作为一个军事和政治领导人在历史中消失。1964年，由于政治上的挫折，在朱可夫68岁的时候与他的妻子离了婚。随后没多久又和比他年轻25岁的格林娜结了婚。她是朱可夫在一次外出途中偶然认识的，他们相处得很好，彼此十分投机。婚后，格林娜给他生了一个女儿，名叫玛莎。这是他晚年最大的慰藉。同年，勃列日涅夫提任党的第一书记，赫鲁晓夫下台了。从此以后，朱可夫的名誉又得到了恢复。1965年5月8日，勃列日涅夫在克里姆林宫的大会厅向6000听众发表演说，当他念到战争中著名的军事指挥员名单时，听众对朱可夫的名字报以长时间的热烈掌声。1966年12月，最高苏维埃主席团授予朱可夫国家的最高级勋章——列宁勋章，以表彰他对军队的贡献，以及庆祝他的70岁生日。

1969年初，朱可夫突然中风，只能在病床上生活，也就是在这一年，他的著名的回忆录《回忆与思考》在苏联出版。1974年6月，朱可夫病逝，终年78岁。

朱可夫的一生是传奇的一生。特别是随着苏联的解体，俄罗斯地位的下降，他所创造的伟业越来越引起人们的关注。

1995 年，在庆祝反法西斯战争胜利 50 周年的欢庆日子里，在莫斯科的红场附近，矗立起了一座朱可夫的铜像——朱可夫身着戎装，精神抖擞地骑在一匹战马上，用他那出名的深邃的目光遥望着远方——他被称为"二战英雄"。

第六章

英国海军元帅蒙巴顿

◉ 皇族子胄

1900 年 6 月 25 日,蒙巴顿出生于英格兰的温莎,受洗礼时遵照他曾祖母维多利亚女王的意愿取名为巴登堡·路易斯·弗朗西斯·艾伯特·维克多·尼古拉斯。蒙巴顿的祖籍是德国,他出身高贵。

蒙巴顿的父亲路易斯年轻时希望成为一名海员,由于当时的全德国没有值得一提的舰队,只有英国海军才能为他提供这一职业。因此,他父亲在 14 岁那年放弃了德国国籍,只身到了英国海军服役,决心效忠英国,坚定不移地献身于海军事业。后来,他父亲凭借自己努力和高效率的工作在英国皇家海军取得了成功,官至第一海务大臣。

孩提时的蒙巴顿是个腼腆温顺的孩子,显得有点懦弱。他深得父母兄姐的爱护,有时甚至是溺爱。这也不奇怪,他出生时父母已岁过中年,不经意有了这个小宝贝。他的二哥乔治比他大 8 岁,大哥已 11 岁,而 3 年后他的姐姐就与安德鲁王子结婚了。

胖乎乎的蒙巴顿十分逗人喜爱，曾祖母维多利亚女王看到他时总是满面笑容地抱起他，而蒙巴顿回报女王的是用小脚踢掉她的眼镜。每次父亲出海回来，都用加倍的爱报偿家人，虽然他更看重乔治，蒙巴顿的这个二哥是个聪明而稳重的孩子，但是他更钟爱蒙巴顿，他毫不掩饰对小儿子特别的喜爱。喜能生爱，父子之间感情的纽带非常牢固。

与任何正常的标准相比，蒙巴顿的成长环境都是极富流动性的。水手们的后代习惯于跟着他们的父亲走，水手们停泊在哪，他们的家就搬到哪。对蒙巴顿一家来说，由于遍及全欧的亲戚更显得居无定所。从德国到奥地利，从西班牙到马耳他，他们家经常搬迁。相对来说，海伦堡是较稳定的一个家。

在海伦堡，夏天充满了愉快。蒙巴顿在祖上留下来的庄园里四处玩耍游荡。他在树丛里寻找小动物，把逮住的蜥蜴和小海龟养起来，蒙巴顿养宠物的习惯就是从这时形成的。他还有一匹小马，有时骑着它到房后的森林里去，但不敢走得太远，因为那里可能有猛兽。沙皇尼古拉斯有时会带着家人来海伦堡小住。像沙皇亚历山大二世来造访蒙巴顿的祖父时一样，尼古拉斯一家的到来为海伦堡增添了喧嚣和欢笑。

也许蒙巴顿的那些俄罗斯表兄弟们要为他小时恐惧感负责，在五六岁之前，蒙巴顿夜里不敢一个人上床睡觉。

"不是怕天黑，"蒙巴顿解释道，"而是因为那里有狼。"父亲大笑着说："我说蒙巴顿，房子里没狼。"蒙巴顿逻辑清楚地回答道："我也可以说床边没狼，但我认为那有。"

蒙巴顿这是在告诉他父亲，狼在他心里，他的俄国表哥讲了许多大雪原上狼群追逐行人，猎人与狼厮杀搏斗的故事。这些经典的俄罗斯传说激发了小蒙巴顿的想象力，使他把草原上的狼联想到房屋后的树丛里。实际上蒙巴顿非常小心谨慎，有一次他的婶婶问长大了他想干点什么，蒙巴顿回答说："我还没想好呢。""做一名军人怎么样？"蒙巴顿摇了摇头："当兵的总会被打死。""那么当个水手，像你父亲那样？""不，舰总会沉下去的。"不论是否真实，这些故事与蒙巴顿的性格是相符的，直到1914年彻底改变了他的那一天。

蒙巴顿接受了令人吃惊的系统的启蒙教育，这完全归功于他的母亲维多利亚公主。维多利亚也许本来应该做一位教师，她喜欢开导别人，有着德国人那种典型的方法主义的头脑，并且对教育持有非常严肃的态度。她在固定的时间里教育蒙巴顿并且要求他的作业必须按时完成，虽然家里为蒙巴顿请了家庭教师，但维多利亚却是毫无疑问的真正教育者。不过，维多利亚失望地发觉，蒙巴顿成不了一个学者，乔治对功课的兴趣远比蒙巴顿浓厚。

蒙巴顿对各种机器和零件的热爱很快就显示出来。3岁那年，他父亲买了一辆汽车。蒙巴顿在许多年后自豪地说："我们大家族的各个家系中，我们是第一个拥有一辆烧汽油的汽车的，它的轮胎是实心的。"

　　两年后,他可以对着一个留声机的圆筒形装置说话,并且为能听到自己的声音而高兴。1905 年 1 月,蒙巴顿第一次接受集体教育。他开始在麦克弗森体育馆上课。每堂课结束时孩子们都要集中起来唱爱国歌曲。蒙巴顿并不完全相信那些字眼,"啊,英国,……英国,统治着波涛滚滚的海洋!……"4 年以后,他进入了克莱夫登镇的格莱斯顿学校。这所学校在某种意义上留下了他的印记。

　　有一次蒙巴顿和另外两个男孩在二楼楼梯平台上玩俯跨栏杆的游戏,看谁腰弯得最大。蒙巴顿获胜了,但却翻倒下来,下巴碰到了木椅上。一位医生把他的伤口缝上了,但却留下了一个终身都有的、不太明显的疤痕。仅仅在几个月前,他在给拴狗链子上钩子时伤了右手中指,伤口很深,以致不得不将中指截掉。这次也留下了一个长

期存在的伤疤。这些只不过是他的一长串可悲的自伤记录的最初几次罢了。蒙巴顿是大胆而笨手笨脚的孩子,长大成人后也是如此。

　　三年后在一星期之内,他在上木工课时受了切伤,一直伤到骨头;"在一次小打斗中"被打了眼睛;在企图"使面式罗盘磁化"时,"我的手指被削掉了一块皮"。

　　在整个童年时代里,与乔治相比,蒙巴顿都处于一个非常不利的地位。乔治不仅学习好,而且还是个出色的运动员。在学校里,乔治在学习上和体育运动上都是头儿,而蒙巴顿在

这两方面都平平。

1913 年蒙巴顿进入奥斯本的皇家海军学院。第一次世界大战爆发后,在英国,人们的反德情绪日益高涨,即使是一只德国的小狗,在路上谁见了也都会踢它,到处都怀疑有德国间谍。当有两艘德国军舰溜出地中海的英军封锁网开往土耳其时,一些对阴谋感兴趣的人立即把怀疑的目光投向了海军部。因此,蒙巴顿的在海军部任第一海务大臣而又出生在德国的父亲被迫辞去职务。

父亲的蒙冤,对少年时代的蒙巴顿是一次震动极大和刻骨铭心的经历。

在一个烟雨蒙蒙的下午,蒙巴顿孤单地站在奥斯本海军学校的皇家海军军旗之下,浑身都被雨水打湿了,泪水毫不掩饰地在脸上流淌。

蒙巴顿的同学们虽然很同情他,但他们没有明显的表示,因为他们深知蒙巴顿的自尊心受到了极大的伤害,不敢触及也不知道该怎样触及这个话题。用一位学生后来的一句话说,"我们巧妙地避开了这个问题"。

就这样,蒙巴顿独自承受了巨大沉重的煎熬,在这悲惨的几天里蒙巴顿由一个少年成了一个男人。

蒙巴顿暗暗发誓,有朝一日要返回海军部,像父亲一样当第一海务大臣,以洗刷蒙受的冤屈和耻辱。这一决心,蒙巴顿终生不曾动摇过。

◉ 进入海军

1914 年末,达特茅斯海军学院的高年级学员提前毕业,充实到急剧扩编的舰队里。蒙巴顿和他的同学们被转往海军学院填补这一空缺。离开奥斯本海校时,蒙巴顿在 80 名学员中排名第 35——他的决心还来不及显示力量。

比起奥斯本海军学校,达特茅斯海军学院的条件要好得多。校舍高大漂亮,宽敞舒适,设施完备,食品讲究。

在达特茅斯,蒙巴顿开始沿着路易斯亲王的道路前进。经过超常的努力,他开始居于学员前列,并位列 24 个学员队长之一。在体育方

面也露出了头角,在一次双桨速划比赛中,蒙巴顿与他最好的朋友斯坦福德一道击败了年长力壮的对手。这是低年级学员的首次胜利。他的一位同学后来回忆这段生活时说:"蒙巴顿快乐、勇敢。"

1916 年年初,当蒙巴顿离开达特茅斯海军学院时,他的名次已上升到第 18 名,在凯汉姆斯的最后 3 个月的强化学习里,蒙巴顿一跃成为第 1 名。

1916 年 7 月,他作为一名见习军官来到了贝蒂的旗舰"狮子"号战斗巡洋舰上。1916 年底转入主力旗舰"伊丽莎白王后"号工作。几个月后,英国国王颁布通告:凡英国王族中取德国姓氏的都要英国化。因此,巴登堡被直接译成英语蒙巴顿。他的父亲路易斯得到一个新头——米尔福德·黑文侯爵。他也被授予路易斯·蒙巴顿伯爵的爵号。

接着,他从"伊丽莎白王后"号舰上被派上潜艇以及朴次茅斯的"恐怖"号船上工作,并花去 10 天时间去法国参观了正

在作战的步兵部队。此后不久,他由一名高级见习生升为海军中尉,奉命指挥皇家海军舰艇 P31 号。P31 号是海军最小的快艇之一,它被用来对付德国潜艇,为开到法国去的运输船护航。蒙巴顿爱上了这只小艇,当艇长不在舰上时,18 岁的他就负起指挥全艇的责任。实际上蒙巴顿已把它看成是自己的战舰,而且认为它是皇家海军里最好的军舰,事实上他对自己指挥过的所有军舰都持这样的看法。

艇上的工作很艰苦。1918 年 9、10 两个月,盟军为结束战争进行了最后的努力。英国的增援部队潮水般地经舰船的运输涌向欧洲大陆,蒙巴顿的小快艇像发疯了似的来往护航,有时要在 24 小时之内往返两趟而在等待部队登船的时间里,巡逻艇还要加油和补充其他物资,因此艇上的船员们没人能得到一点休息。一天夜里,P31 号正在以 20 节的速度航行时,蒙巴顿在舰上站着睡着了。

1919 年 2 月,一个新舰长卡特少校调来了。蒙巴顿描写他说:"为人非常好,我说什么他做什么。"但有一次他突然发了火,对着麦克风咆哮说:"中尉,你是一头喝血的驴子。"这次受辱,教会了蒙巴顿以后从不当众辱骂他的下级军官。卡特后来也没把它当回事。他在蒙巴顿的鉴定中写道:"他是一个最热情能干的指挥者,非常善于和人打交道。"在蒙巴顿的一生中,从未有过写得不好的鉴定。"雄狮"号舰长查特菲尔德称他是一个"非常有前途的年轻军官","伊丽莎白王后"号舰长的评语是"认真、勤奋,相当聪明"。

然而,他被人们普遍认为是一个埋头苦干的人,但缺少一种伟大、卓越的东西。一个同事回忆说,当其他年轻军官坐在船舱里闲聊时,蒙巴顿总是写着他的笔记。总之,将近一年的P31号舰上的生活锻炼了蒙巴顿独立指挥的能力。

不久,一切好像在突然之间全结束了。德皇乘飞机飞往荷兰;德军退回德国;德国起义的水兵在无畏战舰上升起了红旗;德国新政府的黑衣特使在贡比涅森林里的一节火车厢内签署了投降书。10天之后,1918年11月18日,德国公海舰队最后一次驶出港口,在英王乔治和威尔士亲王的陪同下,贝蒂上将接受了德国海军的投降。黄昏时分,德意志帝国海军军旗缓缓降下,没再升起。

第一次世界大战结束以后,为扩大军校学员的知识面,弥补他们因战争而缺掉的许多课程,蒙巴顿也就作为大学生到了剑桥大学。他热衷且擅长辩论和演讲,这一特长使蒙巴顿在以后的生涯中受益匪浅。在一次有关削减军备经费的讨论会上,他的发言使他声名大震,并因此被提名为联合王国委员会的代表,这对于一个新生来说是罕有的事,更不用说作为一名海军军官。在蒙巴顿组织的一次辩论比赛中,他请来当时正担任劳埃德·乔治战后联合政府国防大臣的丘吉尔助战,增进了彼此了解,并从此深得丘吉尔的信任。

1920年3月,蒙巴顿晋升为海军上尉,随即陪同威尔士亲王远航出访。在7个月的时间里,蒙巴顿和威尔士亲王访问了美国、加拿大、新西兰、澳大利亚和太平洋中的许多岛屿。通过这次旅行,蒙巴顿不仅熟悉了他以后将要生活和战斗的那些地方,而且还与他的皇室表兄威尔士亲王建立了牢固的友谊,并逐渐变得富有智慧,更加老练成熟。

1921 年仲夏的一天,蒙巴顿在美国亿万富翁范得比特夫人在伦敦举行的舞会上,结识了英国财政家欧内斯特·卡斯尔爵士的外孙女埃德温娜·阿什利小姐。两人一见倾心,并于两年后举行了隆重婚礼。在这次婚礼上,威尔士王子竟然跟在蒙巴顿身后做男傧相。一时之间,他和埃德温娜的婚礼被称为是英国王室最亲密的人和世界最富有的女继承人的结合,而成为引人注目的新闻人物。在蜜月旅行中,他们受到著名滑稽喜剧大师卓别林的热情款待,还一起拍了一部电影,并成为终生的朋友,卓别林还特意把亲自编导的电影《友好情谊》作为礼物送给他们。

◉ "凯利"号舰长

20 世纪 20 年代初的皇家海军正处于困境。随着和平时期的到来,英国政府颁布了大量裁减军费和人员的指令。在上尉这一级军衔中共有 350 名被解职,截至 1923 年底,蒙巴顿 52% 的同级海校同学要离开海军。后来,有人问裁减委员会的委员柴尔菲尔德,为什么蒙巴顿未被裁掉,柴回答说:"在委员会工作的人所遵循的唯一原则是:以是否对海军有好处来取舍人。我了解蒙巴顿,并且认为留下他对海军有益。"

1924 年 2 月 14 日,蒙巴顿的女儿帕特里夏在伦敦出生,她的教父教母是威尔士亲王夫妇。7、8月间，蒙巴顿又随威尔士亲王到美国作了短暂的出访。9月，在他的请求下，蒙巴顿奉命前往朴次茅斯皇家海军通信学校学习远程联络方面的课程。这是他对路易斯又一次有意识的模仿（路易斯曾任信号官），当然蒙巴顿本身也的确对新近发明出来的电子仪器颇感兴趣，这些仪器对于海上通信联络有非常重要的意义。

很快，埃德温娜在朴次茅斯附近的乡下租下了艾斯丁堡。艾斯丁堡坐落在一个树木繁茂的公园里，带有维多利亚时代那种典型的浪漫风格，各房间看上去很随意地组合在一块，宽大舒适，他们在艾斯丁堡养了许多宠物，其中包括一头幼狮、一对小种袋鼠和一只食蚁兽。蒙巴顿还买了辆新型跑车和一只小快艇。

显然，蒙巴顿要好好享受一下家庭生活的乐趣，不过这并没有影响他在海军通信学校取得极其优异的学习成果。

蒙巴顿开始稳步向他的目标前进。他极其精确地制定并执行这样的作息时间表：7:30起床，8点到校，学到下午4:30，然后回家玩高尔夫球或马球；5:45至6:30带女儿散步，然后再回学校继续他的发明，10点回家吃晚饭，与客人们聊天；11:30开始写大量的回信。

蒙巴顿非常具有创造性。他从不机械地学习知识，也不局限于学校设置的那些课程上。别人解决不了的问题常常激发他的灵感，即使他的前九个新创意都没能实现，他仍会提出第十个。蒙巴顿从不满足于事物的现状，而总是想方设法地改进它们。他的这个特点不但表现在海军业务上，而且还表现在日常生活中。他发明了一种弹性鞋带，这样他换鞋时就不用解鞋带了；他还是拉锁式男裤的发明者，他把在裤子上装拉链这个主意告诉了威尔士亲王,结果这个主意从伦敦的邦德大街传遍了整个世界。

以第一名的成绩从通信学校毕业后,由于分配不对他的胃口,蒙巴顿又到格林威治海军学院深造,继续攻读高级电子学理论。他努力钻研、精通无线电通信技术,翻译电码的速度超过了有 15 年资历的专业人员。

从 1927 年起的十年间,他除了 1929—1931 年两年时间在阿德斯恩进行无线电专业教学外,其余八年均待在了地中海舰队,并到法国完成了法语进修。1934 年,他从"勇士"号驱逐舰换到"威沙特"号舰上,并领导这艘陈旧落后的舰只成为很有战斗力的军舰。

27 岁时,蒙巴顿已获少校军衔,1932 年,他晋升为海军中校。在和平时期,蒙巴顿军衔的晋升是相当快的。他的提前晋职部分是由于他在 13 岁半就加入皇家海军了(此时皇家海军的最低入伍年限已提高),但更主要的还是由于他非凡的才干。他的背景当然也起了一定的作用,但在谈到这个问题时,大多数海军军官认为蒙巴顿的才能与他的晋升是相称的。

1934 年,蒙巴顿就任新建造的"勇敢"号驱逐舰舰长。"勇敢"号的设计航速是 36 节,但蒙巴顿设法使它开到了38.2 节。像路易斯亲王任舰长时对自己军舰的态度一样,"勇敢"号成了蒙巴顿的心肝宝贝。蒙巴顿挑选的水兵真可以说是高大的魁梧,瘦小的精神,个个看上去有运动员的气质(这是路易斯传授给他的经验）。蒙巴顿让他的副官为每个船员做了卡片文件，他细心地研究了这些卡片，并且记住了每个人的名字及其背景情况。当蒙巴顿到某个部门时，他用昵称与水兵打招呼，像朋友一样询问他们在舰上或家里有什么难处，使水兵们觉得舰长了解并且关心自己，实际上蒙巴顿确实是这样。当然，蒙巴顿的这些苦心为的是使"勇敢"号成为整个舰队的明星。

在海军部工作期间，最让蒙巴顿感到心情振奋的事情就是去造船厂。蒙巴顿已在1937年晋升为海军上校，正在加紧活动准备再次出任舰长，他的目标是正在建造之中的"凯利"号驱逐舰。

"凯利"号是单层驱逐舰，重1605吨，发动机功率4万马力，设计航速36节（实际航速38节）。它的火力系统包括机关枪、鱼雷、舰炮和甘兹达式防空机关炮，舰组员额240人。蒙巴顿还为它装上了自己发明的航位仪。"凯利"号是皇家海军中唯一一个以海军元帅凯利命名的战舰。"凯利"号于1937年10月25日下水试航，1939年正式编入皇家海军序列。在此期间，蒙巴顿经常去造船厂了解"凯利"号的建造情况，与它的建造者们结下了终生的友谊。

1939年初，蒙巴顿被任命为"凯利"号舰长，他高兴极了。不过他并不觉得意外，虽然他自己曾声称这项任命是个意想不到的好运，实际上他一直希望得到"凯利"号，而他希望得到的东西一般都会如愿以偿。

1939年8月23日，蒙巴顿以舰长的身份正式接收"凯利"号，并亲自在舰上升起了皇家海军军旗。浅绿色的"凯利"号安详地停泊在港湾，"她美丽极了"，蒙巴顿如痴如醉。

不久,第二次世界大战爆发。1940 年 4 月底,蒙巴顿驾驶"凯利"号带领一支驱逐舰队奉命到荷兰沿海一带搜寻德国鱼雷艇时,突然一声巨响,"凯利"号被掀出水面,落下时整

个军舰已是一片火海,德国鱼雷击中了"凯利"号。谁也不知道"凯利"号究竟损坏到什么程度,不过没人惊慌失措。蒙巴顿沉着地指挥人员灭火,迅速把舰上的弹药和伤亡人员转移到靠近过来的"肯达华"号上。夜里 11 点左右,"牛头犬"号开始拖着"凯利"号返航。

午夜时分,蒙巴顿突然听到了快艇发动机的声音,转眼间,一艘德国 E 型快艇以 40 节的速度从暗中冲出来,它用鱼雷击中了"牛头犬"号,同时用舰载机枪疯狂向舰上的人影扫射。当它转弯想绕过"牛头犬"号时,一头撞在了"凯利"号的翼侧,它直竖起的艇身几乎搭上了"凯利"号的甲板。蒙巴顿后来承认他为自己当时的反应感到惭愧。当德国快艇在 20 码的距离上开枪扫射时,蒙巴顿立即躲到了舰桥的玻璃后面。"这样做可笑。"他说,"舰桥上的玻璃连步枪子弹也挡不了。忽然之间我觉得窘迫,不过还好,只有我一个人在舰桥上,因此没人看见我的丑态。我对自己说:'决不再次让自己表现出恐惧'。"

清晨,"凯利"号舰体严重下沉,看起来像只潜艇,而不是一艘驱逐舰。这时,"伯明翰"号打来信号:立即弃舰,否则将击沉"凯利"号。

蒙巴顿恼怒地打回信号:"那你就试试看吧,我要先击沉你。"不过蒙巴顿还是决定把大部分乘员转移到其他舰上去,他和5位军官和12个水兵留了下来。当夜幕降临时,"凯利"号看上去快要散架了,他们也登上了别的舰船。

然而第二天早上,他们发现"凯利"还像它的座右铭那样在那里"坚持"。蒙巴顿带着几个志愿者又来到"凯利"号上。不久,海军部派来的两只海军拖船到了,它们拖着"凯利"号返航。在途中,"凯利"号又遭德国空军的轰炸,

不过它仍慢慢地奇迹般地在被鱼雷击中后第92个小时返回英国。当"凯利"号进入泰因河时,河两岸挤满了人,早已等候在那里的人们狂呼高叫,向英雄的"凯利"号致意。海军部认为"凯利"号能冲破海上风暴和敌轰炸的阻拦,胜利地回到英国,要归功于蒙巴顿那令人难以相信的领导才能、精湛的航海技术和"纳尔逊式的坚定信念"。

"凯利"号不幸被鱼雷击伤,这一失利与蒙巴顿错误的指挥密切地相关。但是,他却经过92个小时的奋战,在难以想象的困难环境中沉着地指挥它出乎意料地驶回了基地,显示了他精湛的航海艺术,创造了技艺和英雄主义的壮举,也得到了丘吉尔的赏识,并使蒙巴顿从灾难中获得了荣誉——优异

服务勋章。除了维多利亚勋章之外，这是对军人勇敢精神的最高奖励。

1941 年 4 月，"凯利"号重返海洋，随第五驱逐舰队离开朴次茅斯，前往地中海。5 月初的一个夜晚，"凯利"号奉命袭击驻泊在本华兹港内的德国舰船。这次战斗是对港口内之敌实行歼灭性打击的成功范例。在黑暗的掩护下，"凯利"号悄悄驶过港内大部分德国舰船，然后在德军岸防部队作出反应之前，迅速撤退。

1941 年 5 月 20 日，德军对克里特岛发起了海空协同进攻，英军守岛部队 28600 人，其中大部分刚从希腊撤出，武器弹药严重不足，只有 25 辆坦克和极少的火炮。但是最重要的差距在空中力量的对比上，在这一地区德军有战斗机和轰炸机 610 架，连同运输机等其他飞机共 1280 架，而英军只有 5 架"飓风"式战斗机和 20 架已基本无法使用的其他飞机。

为进攻克里特岛，德军空降了一支 16000 人的精锐伞兵部队，另有 7000 人渡海进攻。虽然皇家海军表示决不允许这 7000 德国人靠近克里特岛，但是，很清楚，克里特岛英军获胜的可能性微乎其微。

1941 年 5 月 21 日，从马耳他参谋会议上返回后，蒙巴顿即召集全体船员，向他们交代了任务并毫无保留地指出了任务的艰巨性和危险性："德国空军将日夜轰炸我们，而我们没一架飞机能提供掩护"，最后他说："无论如何我们都要战斗下去。"当天晚上，"凯利"号随第 5 驱逐舰队出航。夜里德国飞机没出动，"凯利"号与其他军舰一道击沉了一艘德国潜艇。蒙巴顿一直守在舰桥上，整夜没睡，每隔几小时勤务员就送来一大块面包和一罐沙丁鱼，他的胃口特别好。

5月22日凌晨4点，德军开始轰炸地中海舰队。当"凯利"号加入主舰队时，英军已有两艘巡洋舰和两艘驱逐舰被击沉，还有的巡洋舰失去了战斗力，几乎所有的舰船都挨了炸，不过在头天夜里，它们已歼灭了一支德军运输队，消灭德军4000人。

当天下午，蒙巴顿奉命率领"凯利"号等三艘驱逐舰至克里特岛西北海域巡逻，傍晚时分，收到岛上被围部队发来的信号："急盼海军火力支援。"于是"凯利"号以30节的速度向预定海域驶去，途中击沉了两艘载满德军登陆部队的大帆船。

5月23日上午，"凯利"号遭到德军大批飞机轰炸。德国飞机飞得很低，几乎擦到了"凯利"号的舰楼，船员们可以清楚地看到挂在机腹下重逾千磅的大炸弹。"凯利"号上所有的对空防御武器猛烈开火，然而密集的俯冲炸弹最终还是击中了"凯利"号，一枚炸弹透过甲板，在舰体内爆炸，顿时"凯利"号浓烟四起，烈焰翻腾，蒙巴顿抓过麦克风大喊道："我们已中弹，继续射击。"

"凯利"号继续以30节的速度前进，但不久即开始倾斜，最后终于翻倒。在此过程中，"凯利"号上的所有武器都在轰鸣，船员们一直坚守在岗位上，直到涌进来的海水把他们冲走。

"凯利"号在海面上倒着浮了十几分钟，在此期间，蒙巴顿和其他活着的军官多次进入"凯利"号寻找、搭救受伤的水兵。过了一会儿，"凯利"号开始下沉，蒙巴顿用颤抖的声音对身边的部下们说:"'凯利'要走了,让我们为她送行。"在水兵们痛苦的叫喊声中,"凯利"号慢慢地消失了。

蒙巴顿深知水兵们心里有多难受,因为他是内心最痛苦的一个。但这样无济于事。"小伙子们,唱个歌吧,"蒙巴顿大声喊道,然后用他那粗犷的声音起头,"打开啤酒桶,放出快乐来……"

不久,黑色的德国飞机又返回来,向他们轰炸、扫射,他们的歌声未断。

第二天傍晚,他们被其他军舰救起,送到了地中海舰队总部。

不久,蒙巴顿被任命为"光辉"号航空母舰舰长,同时得到几个月的假期。因而,蒙巴顿有机会到美国私人旅行。他与罗斯福总统一见如故,由此获得了参观珍珠港的机会。

在参观过程中,蒙巴顿尽可能礼貌地向美国人指出:珍珠港对空防御力量严重不足,通信设施也很不完善,并且缺乏对敌方深水炸弹和鱼雷攻击的防御能力。但遗憾的是,基地负责人并没有重视这位英国客人的意见,使日本后来对珍珠港的偷袭顺利得手。

10 月,蒙巴顿被从美国召回,丘吉尔任命他为英海、陆、空联合作战部顾问,随后晋升为海军准将。蒙巴顿决心使联合作战部成为一个真正的统一体,让在这里工作的海、陆、空军官把他们对各自军种的忠诚转化为一种团队精神,即转化为联合作战部队的忠诚。

他认为,在需要海陆空三军密切配合的未来作战中,有关人员不仅应在一起制定计划,还应当一起生活,一起娱乐。联合作战总部的工作人员不是海、陆、空三军派驻总部的代表,任何这样的做法或想法都将被视为不适合担任目前工作的证据。当然,多年来形成的习惯是不会轻易丢掉的,各兵种之间的冲突和猜忌依然存在。但蒙巴顿尽了最大的努力去制止这种不团结现象,并在相当程度上取得了成功,让当时担任美国陆军参谋长的马歇尔将军感到非常吃惊。

不久,马歇尔、戴高乐分别派了一批军官到蒙巴顿的联合战部见习和工作。在蒙巴顿的影响下,手下各国军官把仅仅对本国利益的忠诚,不知不觉地转化为对联合作战总目标的绝对服从。蒙巴顿领导联合作战总部期间凝聚的团队精神,成为后来艾森豪威尔的欧洲司令部和蒙巴顿自己的东南亚联合司令部的先驱和样板。

在蒙巴顿的指挥下,联合作战部组织突袭了挪威南部的瓦格索岛,又对布吕讷瓦勒和纳泽尔发动袭击,还策划了弗兰克顿行动。这几次小规模作战是盟军海、陆、空三军的成功合作,同时振奋了盟军的士气。

1942 年 3 月,蒙巴顿升任联合战部最高指挥官,兼任参谋长委员会里的第四参谋长,被同时授予海军中将、陆军中将和空军中将的军衔。蒙巴顿成了英军历史上第一个同时获得三个军种军衔的将军。

不久之后,蒙巴顿否决了大规模派遣部队越过英吉利海峡以减轻苏联盟军压力的"重独锤行动",而提出了以袭击迪耶普的"拉特行动"作为补偿。

在袭击迪耶普计划中,蒙巴顿提出的侧面进攻,空中轰炸和大型军舰支援的原案均遭到否决或所谓"变通"且也没有适合突袭的时间。

但是,8月29日,突袭迪耶普的计划仍然以"大赦"行动为名称而付诸实施。由于计划的研究和制定时间过长走漏了消息,加之作战目的含混与多重性,行动方案的多次变更等诸多因素,注定了迪耶普之战遭到惨败。在参战的5000人中,1000多人战死,包括登陆艇指挥官布赖恩·麦库存尔在内的2000多人的被俘。

迪耶普袭击是蒙巴顿一生中受到批评最多的事件之一。但是,它却为1944年6月的诺曼底成功登陆提供了宝贵的经验和教训。

迪耶普之战失利后蒙巴顿感到身心疲惫,处境尴尬,他要求辞去联合作战总部最高指挥官的职务,而丘吉尔并没有立即答应他。随后,根据丘吉尔的指令,蒙巴顿又赶忙集中精力投入制定"火炬"作战计划的工作中。"火炬"行动要求英美部队同时在阿尔和摩洛哥登陆。蒙巴顿吸取迪耶普之战的经验教训,使"火炬"行动取得了巨大成功。

◉ 临危赴任

为了扭转在东南亚地区的败局,打击日本侵略军,盟军在1943年5月提出设立东南亚盟军最高统帅。丘吉尔认为:蒙巴顿是联合作战计划的大师,声望也是与日俱增,因此,他极力主张由蒙巴顿担任最高司令,统一指挥英、印、美国和中国国民党军队。指挥范围包括缅甸、锡兰(今斯里兰卡)、逻罗湾、马来半岛和苏门答腊。这一任命得到了美国方面的一致赞同。作为一位海军军官被赋予陆军和空军的最高指挥权在英国历史上还是首次。

1943年10月,蒙巴顿走马上任。由于部队来自不同的国家,国家与国家之间,兵种与兵种之间以及老手与新手之间存在着多种矛盾,指挥系统错综复杂,士气不振,协同作战十分困难。

美国人甚至怀疑:蒙巴顿将会以美国为代价去寻求自己的帝国主义利益。蒙巴顿感觉到自己承担了一次相当棘手的任务,主要目的是建立一个真正国际性的工作班子,这个班子应该把最高指挥部的利益放在高于本国和本兵种利益之上。他为此付出了艰苦的努力。

蒙巴顿按照此前在联合作战总部的做法,把来自陆海空三军的参谋人员合在一起,组建了联合参谋班子;蒙巴顿自己也同他的16位有少将军衔以上的军官们住在一起。为了使自己的指挥权成为各路盟军合作的象征,蒙巴顿在座车的两侧,漆印上他名下指挥的各国军队的旗帜。在东南亚战区,要建立一个国际性的工作班子,完全成功是不可能的,但是,蒙巴顿比其他指挥官所能做到的要成功得多,他在盟军中的威望也在不断提高。

由于任命蒙巴顿为东南亚战区盟军总司令的目的之一是领导两栖作战,而几个月来,蒙巴顿参与制定的"锦标保持人"作战计划、"海盗"行动及"猎猪"计划等两栖作战方案被一一否定,使他的长处发挥不出来。因此,蒙巴顿把精力暂时转移到了整顿部队方面。

缅甸失陷后,在东南亚地区有几十万溃退下来的英、印、中军队。由于指挥不力,兵力和装备又不占明显优势,盟军多次吃败仗,被日本人逼着打,成了惊弓之鸟,疲惫不堪,士气低落。蒙巴顿必须尽一切努力来恢复这些部队的信心。

蒙巴顿很善于鼓舞士气。只要飞机能着陆或吉普车能驶入的地方,蒙巴顿都要去与军官们交谈,为士兵们进行演讲。他既不论兵种,也不管国籍,都能与部下深入交往。

为了便于接近印度籍士兵,蒙巴顿还学了一些乌尔都日常用语,然后试着去和印度士兵交谈。作为英王的侄子,东南亚战区的最高指挥官,蒙巴顿的言行使印度士兵很受感动。他还走访了印缅地区的美军及中国驻印军,士兵们普遍认为,蒙巴顿既不故作高贵态,对生活也不过分讲究和挑剔,容易亲近。他对调和英印当局与中国驻印军的关系起了较大的作用。

或许,有的人并不喜欢蒙巴顿,或不喜欢他的军事作战才能,但凡是与东南亚战区的老兵们接触过的人都不得不承认。蒙巴顿在接近士兵,笼络士兵,进而激发他们的士气和战斗热情方面是成功的。

尽管蒙巴顿不可能与散布于印度和印缅前线的数十万官

兵都见上面,他每到一群士兵中间时,也不可能跟每位士兵都聊一聊,但是,所有的人都很快知道:他们的指挥官蒙巴顿是有信心带领他们打胜仗的人物。

另外,蒙巴顿对治理疟疾等热带病取得了较好成效。在缓和与印度人的紧张关系方面,蒙巴顿也有了一定的进展。

经过数月的辛劳,蒙巴顿和他的属下已经做好和日军作战的准备。

但是,在制定对缅甸的战略计划时,蒙巴顿与其副手史迪威将军产生了分歧。由于蒙巴顿的长处在两栖作战方面,他主张沿孟加拉湾的若干海岸线向前推进,以实现对印第安达曼群岛发动的两栖进攻。而史迪威将军力主打通"滇缅公路"。

这种分歧,后来在美英参谋长联席会议上同样引起了一场争吵。直到1944年2月,日本在若开地区和印度东北部的英帕尔地区发动了攻势,蒙巴顿才接受了史迪威的建议。

1944年2月,日本为了切断英国第十四集团军主力和驻扎在缅北的由史迪威指挥的中国部队之间的联系,首先向若开地区发动了进攻,即第二次若开战役。由韦维尔指挥的第一次若开战役以英军的失败告终,而第二次若开战役在蒙巴顿的指挥下大获全胜,共击毙了7000名日本官兵,陆续生俘了500余名日本士兵(这在缅甸战场确是闻所未闻的)。

正当英军陶醉在若开战役的辉煌胜利中时,1944 年 3 月,日本又对印、缅边界的军事要地英帕尔发动了迅猛攻击。原来,若开战役仅仅是日本人的伎俩,他们的目的是使英国的后备部队远离真正的英帕尔战场,蒙巴顿迅即亲临前线部署作战。

根据军情汇报,蒙巴顿决定:把在亲敦江以西边境进行防御的部队,撤至英帕尔附近高地上来组织防御,使日军的进攻部队远离自己的后勤基地,日军不仅要被迫背靠着宽阔的亲敦江作战,而且还得完全依赖很不安全的丛林运输线。

此外,盟军的空中优势不仅会保证可能遭到包围的一些部队的补给供应,而且还能阻止日军获得补给品。由于雨季即将使一些干涸的河床变成汹涌的急流,迫使日军必须在雨季到来之前迅速取得决定性胜利,否则就不得不面临一场灾难。这些决策,都深中日军要害。

当日军两个师团对英帕尔形成南北合围夹击之势时,蒙巴顿收到斯利姆中将要求更多增援部队的急电。蒙巴顿建议:把用于喜马拉雅山运输线上向中国运送物资的美国飞机挪用过来。由于征得史迪威和英美联合参谋长委员会的同意要费太多时间,因此,蒙巴顿直接请求丘吉尔与罗斯福总统协商解决。

正是由于蒙巴顿采取了这种紧急的救援行动,将 30 架挪用过来的飞机用于运输援兵,对战役的结局起了重大作用。蒙巴顿和英国第十四集团军司令斯利姆充分估计了敌情,根据起初制定的策略,让英印军始终保持"以守待攻"的消耗战术,最终击溃日军,取得了英帕尔战役的巨大胜利。使日本第十五军团在三个月内有 3 万余人被歼灭,仅一小部侥幸逃脱。

英帕尔战役是日军在东南亚地区遭受的一次最惨重的军事失利。与此同时,在缅甸北部,史迪威将军指挥的美国和中国国民党军队于 5 月中旬发动了一场突袭,取得了重大胜利,夺取了缅甸战略重镇密支那,并占领了这一地区通往印度的三个重要机场。

1944 年 7 月,蒙巴顿提出了两份作战计划:一个是"卡皮特尔计划",即命令第十四集团军向曼德勒推进,然后再向南进攻仰光;另一个是"德拉卡拉计划",即在 1945 年 1 月对仰光发动两栖和空中进攻。但由于种种原因,两份计划均未被允许付诸实施。

1944 年底,蒙巴顿指挥的东南亚盟军已近百万人,盟军拥有明显的战略优势,日军开始节节败退。蒙巴顿抓住战机,及时制定了具体作战计划,指挥盟军发动反攻,夺取仰光。梅塞维领导的第四军,强渡伊洛瓦底江,攻陷敏铁拉,夺取了曼德勒,整个缅甸中部已落入蒙巴顿指挥的英军之手。同时,缅甸北部的日军在中国远征军的打击下,已是苟延残喘。盟军乘势追击,接着抢占了仰光北部的东吁机场,于 5 月 3 日顺利攻进仰光,从日军占领下收复了缅甸。

◉ 事业顶峰

1945 年 8 月 15 日,日本宣布无条件投降。在盟国所有的高级将领中,蒙巴顿对日本的态度是最强硬的。因此,他在战后访问过许多国家,却从未访问过日本。在日本投降问题上,蒙巴顿认为:战争应当一直进行下去,直到日本天皇本人亲自来投降。这样做将会永远地摧毁日本封建主义和军国主义机器。

1945 年 9 月 12 日,蒙巴顿在新加坡代表盟军接受了驻东南亚 50 万日军的投降,他感叹"这是一生中伟大的一天"。他坚持:在他的战区内,日军投降应由所有的日方高级将领在他们自己的部下面前,举行正式的签字仪式;而且,一定要当场象征性地对他们进行缴械,并将佩刀、枪支等作为战利品分给在场的盟军军官和士兵。

受降这一天,坂垣大将带领缅甸方面军司令官木村等日军高级将领来到新加坡特别市政厅,他们当场解下佩刀,双手递交给盟军军官,然后在投降文件上签了字。坂垣等几位日军将领,想走上前去与身着笔挺的白色皇家海军上将制服的蒙巴顿握手寒暄,被蒙巴顿断然拒绝。仪式结束之后,蒙巴顿乘车"穿过密集的人群,在无尽无休的雷鸣般的呼声中"返回几公里外的英军司令部。

为了奖赏蒙巴顿在整个战争期间的功劳,特别是他指挥英印军队在缅甸击败日军的辉煌业绩,艾德礼首相向英王提议封他为"缅甸蒙巴顿伯爵"。乔治国王为王室成员中能有人凭着自己的功绩而获得这个荣誉,感到特别愉快。

由于蒙巴顿没有儿子，英王还作了一个不同寻常的决定，准予蒙巴顿的女儿们继承爵位，以免使这一荣誉在巴顿死后中断。蒙巴顿听到这一喜讯后，高兴之余也夹带着一丝伤感。他对从父辈那里继承下来的"路易斯勋爵"的称号抱有终生的留恋，有着近乎迷信般的那种感情，认为它给自己带来过许多好运。

然而，他在领受更高一级的荣誉时便顾不得那些了，毫不推辞地接受了"缅甸蒙巴顿伯爵"这一称号。尽管离开英国海军舰队已经有很长一段时间了，但蒙巴顿内心最喜爱的还是真正的海上生涯。战争结束了，作为一个战区的最高司令官、一个获得了伯爵称号的海军的将领，他为皇家海军带来了荣耀，现在他想要回到海军去，继承他先辈的事业，继续寻觅他少年时的梦想。1946年6月，蒙巴顿抱着重返海军舰队的强烈愿望回到了英国。

1946年下半年到1947年初，印度人民争取民族独立运动如火如荼。穆斯林联盟和印度教的争端急剧升级，英国政府在印度的殖民统治陷入深刻危机。在代表工党政府的艾德礼首相提议下，蒙巴顿这位享有盛誉的英雄被任命接替韦维尔印度总督这个职务，这是第二次世界大战后，蒙巴顿执行的最重要的一项使命。

赴任之前，由于蒙巴顿的强烈坚持，工党政府被迫声明：在1948年6月以前把政权移交给印度人，这在很大程度上得到了印度人民的信任。同时,他还获得了任何一位印度总督不曾有过的特权,即享有全权和获得行动的完全自由。

1947年3月23日,蒙巴顿在德里正式就任总督职务。任职期间,他提出了印度独立的"蒙巴顿方案",并于1947年7月获得英国议会批准。该方案导致印巴分治及两国为一些遗留问题而进行的长期纷争。

1948年6月21日,蒙巴顿被英国政府从印度召回,他重返海军实现少年时代志向的雄心从未动摇,他要继承父业,当第一海务大臣。

不久,蒙巴顿被任命指挥地中海第一巡洋舰队司令。

英国地中海舰队是当时世界上最强大的海军之一,而第一巡洋舰队又是皇家海军中唯一的一支常备部队,它拥有四艘大型战舰。所以,蒙巴顿的上任是相当重要的。但是,与他当年担任盟军最高司令或印度总督时的令人敬畏的权力相比,他现在的工作也就显得微不足道了。他没有在乎这些,只决心默默无闻地干一番。

1950年6月,蒙巴顿出任第四海务大臣,负责补给和军饷,尽管它是海军部所设的五个海务大臣中最没有吸引力的一个,蒙巴顿仍然服从了命令,忠于职守,尽心尽责,他对出任第一海务大臣依然满怀信心。

1952年5月,蒙巴顿担任地中海舰队总司令,并于次年2月晋升为正式的海军上将。1952年底,蒙巴顿又兼任北大西洋公约组织地中海舰队总司令职务。

1955年4月18日,蒙巴顿终于如愿以偿当上了第一海务大臣,并兼任海军参谋长。

1956年底,苏伊士危机爆发,英国政府计划大规模入侵埃及,即所谓"滑膛枪手"行动。蒙巴顿极力反对这一政策,他严正指出:"滑膛枪手"行动将给中东国家带来严重的、连年不断的混乱,可能使英国军队长期陷入埃及泥潭不能自拔。为此,他和艾登首相各执己见,弄得很不和睦。最后,以英国政府屈服于国际压力被迫对埃及停火和首相辞职而告终。

蒙巴顿担任第一海务大臣之时,适逢英国政府强令海军大幅度减员。蒙巴顿一直致力于改变当时海军被轻视的境遇,恢复海军的重要地位。他提出了多种方案去改造和重新装备陈旧落后的舰艇,尤其是为英国核潜艇的建造立下了汗马功劳。为了维护海军的地位,他同国防部长桑兹进行了针锋相对的斗争,取得了明显成效,这是蒙巴顿对皇家海军的又一伟大贡献。

◉ 桑榆暮景

1956年,蒙巴顿登上了皇家海军的顶峰——晋升为海军元帅。

1958年5月22日,蒙巴顿被麦克米伦首相任命为英国第二任国防参谋长。蒙巴顿开始对国防机构进行大刀阔斧的改组,以实现他20多年来一直主张的三军统一的观点。他积极推行军队的改革,在他的建议下,英国取消了分别设立的海军部、陆军部和空军部,设立国防委员会行使三部职权,统归国防大臣领导,以便协调海、陆、空三军联合作战,它迅速发挥出极大的作用。

然而,就在蒙巴顿在国防参谋长的显赫职位上,全力以赴地干自己的事业的时候,他的夫人埃德温娜却不幸病故了,终年仅 59 岁。

1965 年 7 月,蒙巴顿正式退休,他获得了女王亲自授予的功勋章。

对蒙巴顿来说,退休绝不意味着与他毕生为之奋斗的海军事业诀别,他对海军事务的关注一如既往。退休给了蒙巴顿更多的自由去宣扬他的裁军和限制使用核武器的观点。

蒙巴顿虽然不是第一位指出核危险的人,但他的大名引起了轰动。

作为一个流动大使,蒙巴顿在他退休以后起了更大的作用。他极高的声望和遍布世界各地的熟人好友,以及他的忠诚和众所周知的观念的独立性,使他成为一个不可多得的解决麻烦的专家和非官方使者。不论走到哪里,他总是准备着手解决那里各种奇特的政治纠纷。

退休后的蒙巴顿热衷于公共事务,他担任过怀特岛总督,皇家海军陆战队旅长等名誉职务,他与 179 个社团组织有联系。在他的协助下,成立了尼赫鲁基金会和世界联合学院。

1974 年，蒙巴顿访问中国，他是第一位访华的英国王室成员。

1979 年 8 月 27 日上午 11 点半左右，蒙巴顿在北爱尔兰的马勒莫海滨消夏捕虾，乘坐的"阴影 V 号"渔船被当地的爱尔兰共和军预先设置的 50 磅重的炸弹炸毁，蒙巴顿遇难，享年 79 岁。英国政府按照他希望的最隆重的仪式举行了葬礼。

第七章

"中国人民的真诚朋友"
史迪威

◉ **少年时代**

1883年3月19日,约瑟夫·沃伦·史迪威出生于美国佛罗里达州的帕拉特卡。

约瑟夫·沃伦·史迪威的父亲本杰明·史迪威,在位于哈得孙河东岸的扬克斯城长大,毕业于哥伦比亚大学,并获得法学学位。但他没有在法律界谋职,而是带着妻子、女儿迁到了美国南端的佛罗里达,想在那里开创自己的事业。

佛罗里达被称作"阳光地带",那里的气候条件和生活习俗同北部大不一样。

所以,当他的儿子约

瑟夫·沃伦·史迪威出生以后又举家返回扬克斯。本杰明在这里继续攻读医药学且获得了博士学位。

1888年,5岁的史迪威进了一所公立学校。经过4年的学校生活,史迪威结交了很多小朋友。

1892年,史迪威又随父亲迁到了伯克郡的一个农场。在那里,约翰和玛丽相继来到世间。

眼看史迪威到了该读高中的年龄,本杰明这才带着全家于1896年回到扬克斯城并定居下来。

对于回到扬克斯最感到高兴的莫过于约瑟夫·沃伦·史迪威。同学们和他别后重逢,彼此都喜出望外。特别

使他开心的是,几个爱好体育的同学很快又聚拢到他的周围,他们或打网球,或到哈得孙河里进行划船比赛,玩得非常痛快。

这次他从农场和乡间回来,最叫人羡慕的是他的体格比别的同学健壮。每次上体育课,他都出尽了风头。

史迪威很快适应了中学高年级的生活,得到他父亲的夸奖。本杰明博士对自己的孩子都视若掌上明珠,既和他们是朋友,又称得上是教子有方的严父。他能绘画,会弹钢琴,家里的欢歌笑语声,常常飞出窗外。

然而,在中学毕业不久,史迪威就闹出了一桩损害学校声誉的丑闻,这使父亲改变了让他进耶鲁大学的美好设想,决定让他到军队里去加以管束。于是,毅然决定送儿子报考西点军校。

经过父亲的多方努力,当时的威廉·麦金利总统推荐了约瑟夫·沃伦·史迪威参加西点军校的考试。

功夫不负有心人,史迪威的考试顺利通过了。他成了 1900 年度年龄最小的西点军校的新学员。

著名的西点军校距扬克斯市不过三十多公里,位于哈得孙河西岸。这里曾是美国独立战争时期抗击英军的重要据点和炮兵阵地。

西点军校四面环山,一派田园风光,十分迷人。向校门口走去,远远便见门前有座巍峨的石碑,上面刻着"责任、荣誉、国家"一行大字,这是西点军校的校训。石碑是 1898 年刚刚矗立起来的。

西点军校对学生的管理极为严格,制定了大量奖惩制度。同时,西点军校还一代接一代地传下了一些对低年级生的折磨人的教学方法,到史迪威这一届也不例外。

诸如教官要一年级学生蹲在一支立起的刺刀上；要他们长时间伸直臂膀举枪；捆住大拇指把他们吊起来；头朝下倒立在盛满水的澡盆里；大热天让他们裹上毛毯、雨衣捂汗；大冷天却让他们赤裸着身子跑步，同时还把满桶的凉水往他们身上浇……

在那里，当时有两个学员因受不了这种折磨和体罚而退学，两个人离开学校不久就丧命了。

在这样的学习和训练中，史迪威和许多同学一样，精神上受到沉重打击。这时，他非常想家，十分痛苦，神情呆滞。此后他在整个一生中常常担心陷入这种精神状态，每当预感到这种状态临近时，他就到图书馆借些惊险小说或文学名著阅读，寻找精神寄托。

史迪威在一年级时，没有受体罚的记录，却有几次因犯过错被扣掉学分。由于他在操练中"嬉笑"，两次被扣学分，使他失掉了毕业后直接升为上尉连长的可能。另外被扣学分的事还有"吃晚饭时在饭厅里扔食物"、"私自安排两名学员进行拳击"、"晚点名时在宿舍里学猫叫"等等。不过他在课堂上和体育场上表现良好，各科成绩都居上游，当了一年"老鼠"之后便顺利进入了二年级。

西点军校的学员队章程有条规定：一年级生除操练和公务外，不得和高年级生有交往。史迪威一升入二年级，这条约束自然消失,新学年一开始,他便和一些高年级生有了来往。

由于他在体育方面成绩优异,许多高年级生很愿意和他来往,并且高兴地叫他"乔"。

高年级同学中学习成绩最拔尖的,是道格拉斯·麦克阿瑟。

而此时,在西点军校不断有一些成绩差的学员被淘汰。面对严峻的现实,史迪威心中很清楚,要避免被淘汰的厄运,在新学年中必须像麦克阿瑟那样勤奋、刻苦地学好各门功课,认真履行军人职责。

二年级以后的课程,是为了从头造就一个军官而设置的,因而中心是放在讲授军人所应具备的军事技术知识上。同时也有一些文化课,包括历史、英语、文学和写作,还要学习法文、西班牙文、数学、化学、法律和自然科学概述等。史迪威在文化课学习中语言天赋最突出,在第二学年考试中,他法文成绩名列第一。

军事课目中除了一定的操练,还要背诵许多条例、条令。但主要课程是军械与射击术、测量学、防御工事学、战术学。

从入学开始,史迪威便积极以体育方面的特长建立自己

的形象。他不断增大自己的运动量，养成了早餐前跑几英里的习惯，后来，他还担任了班上的越野长跑队队长。

在四年级的田径比赛中，他在几个项目中都被评为优秀，还参加了两次划船比赛，也获得了好成绩。史迪威还组织了两点军校第一支篮球队，他既是这支球队的教练又是运动员。橄榄球的体育项目在西点军校占有重要位置，橄榄球队受到全校师生的尊敬和欢迎。

四年级时，史迪威成了校橄榄球队的选手，因此全班同学都很羡慕他。由于他有良好的体育素质，毕业以后不久还成了一名神枪手——美国陆军射击队的队员，被一家报纸称为"美国 20 世纪最优秀的神枪手。"

1904 年 6 月 15 日，刚满 21 岁的史迪威获得了美国陆军少尉军衔。四年寒窗的考试结果随之也公布出来，在 124 名同学中他名列第 32 位。

◉ 戎马生涯

从西点军校毕业之后,史迪威被派往在菲律宾的第十二步兵团服役。经过必要的准备,史迪威告别父母,乘船出发了。

史迪威到达第十二步兵团后,被分配到一营四连。这时,菲律宾群岛上还有不少人用古老的大砍刀继续进行游击战。他们常常向被美军占领的地区发动猛烈的攻击。

第四连的进剿任务非常艰难。史迪威和其他美军士兵一道整天翻山越岭向圣何塞进发,到处是沼泽地、蔓草、泥浆、山丘、断层、瀑布。天黑时在树林中宿营,士兵们站着就睡着了。整夜下雨,士兵们满身是泥。

率领第四连的是福尔斯上尉。他指挥200多人在岛上丛林中奔波了两个多星期后,一无所获,士兵们都疲惫不堪,士气低沉。

后来,第四连在帕奈沿海小小的吉马拉斯岛上住了下来。生活再不像行军那样艰苦了,完全是休整,操练,熟悉教令,步枪、手枪射击训练,偶尔搞搞战术演习。再就是打网球,赛船,有时晚上还可以跳舞消遣。

1905年8月,史迪威接受了美国陆军部交给的两项任务：一项是翻译一本日俄战争中，日军围攻旅顺口的法文小册子；一项是翻译一部西班牙文的《智利军事地理》。

史迪威通过这次翻译，提高了综合分析军事情报的能力，了解了大规模作战中的诸多因素，尤其是对于日军进攻作战的特点有了较深刻的印象。

由于史迪威翻译的两本书有重要价值，1906 年 2 月他接到通知，要他回西点军校现代语言系任教官。他成了 1904 年西点军校毕业生中第一个由菲律宾回国的人。

但是按陆军部的规定，史迪威还得在第十二步兵团服役一年。于是他在完成西点军校教官的任期后，1911 年 1 月带着刚结婚的妻子威妮弗雷德·A. 史密斯，又回到了菲律宾。

这次，史迪威是在距马尼拉市很近的麦金

利堡兵营驻防。不久，他被升为中尉。他每天的职责是带兵操练，到兵营学校听课，组织士兵们进行独木舟划船比赛，有时还教士兵们就地取材，在河上架设竹桥。

到9月，他已攒了三个月的假期，威妮弗雷德此时已怀孕四五个月。两个人商定，利用假期多看看东方，行程是先同威妮弗雷德到日本，然后她回国等待他们的第一个孩子出生，史迪威再到中国去。

11月中旬，他的妻子威妮弗雷德回了美国，他则转身西行，11月23日在中国上海登陆。这是他第一次来华，游历了上海、厦门、广州、梧州、香港等地。这次旅行使史迪威对这个古老的东方大国有了一个初步的认识。

1912年3月，他们的第一个孩子出世，取名小乔。这时他史迪威又到第十二步兵团干了一年，但仍是一名中尉。团队驻守在加利福尼亚州蒙特雷市。

由于西点军校坚持要他回校在英语和历史系任教官，他只好于1913年8月回校重执教鞭。虽然这种工作比在步兵团单调的工作要复杂一些，但教学工作对他来说是驾轻就熟的老行当,因而他没有把全部精力用在教学上。

1914年6月,他的妻子威妮弗雷德又生了一个女儿,取名叫南希。夫妻俩十分高兴,但威妮弗雷德的负担更重了,史迪威却不能将精力花在家庭琐事上。

1914年夏天,史迪威的机会来了。那时,他已由历史系调回现代语言系教授西班牙语,经过努力争取后,他被派往马德里进修西班牙语。一到西班牙,他便闻到了欧洲的火药味。不久,第一世界大战爆发了。

1916年5月,德国和英国在日德兰海域进行了日德兰海战。此次海战,英国被击沉3艘大舰,11艘小舰,有2名海军将领战死。德国也有1艘大舰和10艘小舰被击沉。这表明德国海军仍然有强大的力量拦阻美国和协约国的海上通道。

在这种情况下,美国总统威尔逊力主国会通过了如下法案:陆军常规部队扩大一倍,达到8.8万人,建造了两座军营,成立"非常造船公司",加速经济军事化的步伐。

在战备工作进行当中,培训足够数量的军官成了首当其冲的任务。有10年教龄和教授多种学科能力的史迪威,被选中到纽约的普提茨堡任教官。这里是首批建立的后备役

军官训练营地。担此重任后，史迪威于当年9月晋升为上尉军衔。

1917年12月，史迪威接到一道命令：立即到法国，向美国远征军司令部总司令潘兴将军报到，到第八十师任旅长副官。他兴奋异常，挤上一艘运兵船横渡大西洋，在法国的圣纳泽尔军港登陆。

潘兴的总司令部设在巴黎南面肖蒙地带的一座大葡萄园里。潘兴将军要史迪威加强参谋部的情报工作。在这个高级司令部工作的参谋，都是利文沃思指挥参谋学校或陆军作战学院的毕业生。

34岁的史迪威虽然没有在这两个学校深造过，但潘兴了解他，在驻守菲律宾时，他是个聪明、称职的指挥官，翻译过法文的"日俄战争"小册子；编译的南美洲一些国家地形、地理的资料，使陆军受益匪浅。远征军正急需这样难得的人才。此时由于史迪威的出色表现，他被晋升为临时少校。1918年初，由于总司令部急需，史迪威被调去协助组织参

谋部的情报部。

1918 年 8 月，德军失败已成定局，在结束战争的计划中，要求在 9 月 7 日开始的第一个进攻行动，便是以美军为主夺取圣米耶尔突出地带。

潘兴为了发动这次进攻，苦心筹集力量，到 8 月 10 日，包括史迪威所在的第四军在内的第一集团军终于建成了。这个集团军包括法国第十七军在内，总计 50 万人，是欧洲战场人数最多的一支部队。

为了做好圣米耶尔战役的情报工作，史迪威在英军战线熟悉了怎样组织以师为作战单位的情报活动。之后，又到法国第十七军实习了一个半月，掌握了一个军乃至一条庞大防线的情报系统的运转情况。

史迪威是第一个同法国十七军共同作战的美国人。他的流利的法语成了他和法国人建立融洽关系的桥梁，法国人帮助他熟悉了参谋工作各部门的情况，火线的步兵作业，每一个梯队情报工作的组织、设备及活动。最有价值的是，他们安排史迪威乘观测飞机作了一次飞行观测，这在当时是最新的侦察手段之一。史迪威成了美国远征军第一个遨游蓝天的人。

史迪威离开第十七军时，参谋人员为他举行了盛大的送别宴会，由作战处、情报处等三个处的处长按正式外事规格主持了宴会。法美两国军人在惨烈的战火中结下了友谊。

一直注视着圣米耶尔突出地带形势发展的潘兴将军,调动了史迪威的位置,对他指明,为在这个地带发动攻势,情报工作是制定作战计划的中心环节。要求他在 8 个星期内,建起各师的情报处和训练参谋人员的学校,采取一系列实际步骤组织情报活动,汇集各种资料、数据。

为了进行这些工作,史迪威不停地来往于各师师部之间,奔波于肖蒙、朗格勒和设在纳夫夏托的第四军军部的路上。由他指挥运转的情报系统,自各个方面搜集了有关敌军战线和圣米耶尔地形的考察资料,绘制和提供了各种比例与坐标数据的地图。

他们还根据诸多迹象对敌军兵力及活动规律和趋向进行了估计,并分发了有关敌军各类炮火每天、每周发射情况及变化的综合分析材料。

圣米耶尔攻势打响前夕,史迪威被晋升为中校。潘兴将军和总司令部对情报综合分析后确认:圣米耶尔突出地带,是底线 35 英里、边线各 25 英里的一个等腰三角形。它有多道防

线,窄轨铁路纵横其间,使各前
沿、主阵地、野战炮、机枪阵地、
弹药库、囤兵区、飞机场等联成
一体。交叉火力成网严密,阵
地筑垒异常坚固。最后确定的
打法是:出其不意,突然袭击,
第一步,是借夜幕把 14 个师连
同军需品秘密集中于侧翼……

开始攻击那天,秋风秋雨骤起,道路泥泞,步兵负荷加重。
史迪威更是通宵达旦地工作。这是第四军第一次打大仗,马
歇尔原先所在的美军首批到达法国的第一师,道格拉斯·麦
克阿瑟任参谋长的第四十二师,是这个军最英勇善战的部队。

第四军的右侧是第一军,那里的情报处长迈尔斯上校和
他联系频繁,使史迪威更加忙碌。

炮火准备从凌晨 1 时开始。呼啸着飞驰的炮弹,如漫天冰
雹落在圣米耶尔地带,一直打
了 4 个小时,火光照亮了暗夜。
清晨 5 点钟,步兵在烟尘和秋
雨中跃出战壕,多路多点扑向
德军阵地。史迪威不断接到电
话和电报,得知全线向前推进
很顺利。

步兵第一师和第四十二
师打得很漂亮,但第八十九师
打得很不好。史迪威很快到
达八十九师指挥所,发现这里

的情况乱糟糟的,对下无联系,对上无报告,一切都茫无头绪。

他又转到了第一师,和八十九师情况截然不同,这里的参谋人员个个都很能干,一切有条不紊,伤员躺在指挥所外面可以避风雨的地方,护士照顾得也很好。步兵随着法军坦克,前仆后继地冲破了德军头道防线。

史迪威从一群俘虏中挑选了几名军官回到战俘营审问。审讯还没结束,便接到去图尔的命令,让他调查德军打在那里的重炮弹弹坑的直径。

史迪威紧随攻击部队穿过烧毁的坦克、卡车、翻倒的炮架,还有惊恐的难民群,进入了德军纵深阵地。原来,在第一集团军发起进攻之前,德军由于兵源严重缺乏,已决定从这里撤退,并立即拆卸了重型武器装备运回德国。德军头一两天的抵抗,只是为了掩护撤退。

因此,被德国军队占领最早,防御最坚固的圣米耶尔突出地带,很快便被美军收复了。

美军的作战计划虽然用不着去执行了,但史迪威还是勘察了。德军在这个地带的最后一道防线的详细情况,验证了原先情报中的重要数据,并且连轴转了两个昼夜,写出了战斗总结报告。

1918 年 10 月,史迪威的临时军衔晋升到上校,同时荣获为非战斗人员新设立的勋章——"优异服务勋章"。此时,第一次世界大战结束了。

1919 年 5 月,第四军建制被撤销。史迪威在远征军的任务就此结束,并准备回国。同年 7 月,史迪威回到美国同家人团聚。

◉ 亚洲之行

1919 年 8 月 6 日,史迪威被任命为代表陆军部的驻华首席语言教官。为此,史迪威带着妻儿来到伯克利城,他将在这里的加利福尼亚大学学习一年的汉语。

1920 年 7 月,学习结束后,史迪威晋升为少校。8 月 5 日,他们一家同霍斯福尔一家一起登上了开往太平洋彼岸——中国的美国陆军运输船。

运输船航行了 40 多个日日夜夜,绕过山东半岛,于 9 月 18 日在中国北方重要港口秦皇岛靠岸。随后,他们又从秦皇岛乘火车驶往北平。史迪威到北平后的前半年,在美国办的华北协和语言学校继续学习汉语。

史迪威在北平完成华北协和语言学业后,很想到外地去开展工作,检验一下自己的语言功力,同时进一步熟悉中国普通人的口头语言。经过史迪威积极有效的活动,同银行团有来往的国际赈灾委员会愿意把他从陆军武官处借出来,派往山西担任修建汾阳至军渡、陕西潼关至西安公路的总工程师。这项任命涉及方面很多,尤其是要得到山西省省长阎锡山的认可才行,所以确实费了一些周折。

1921 年 4 月,史迪威离开北平,乘火车到了石家庄,换乘窄轨火车到达山西省会太原。山西是阎锡山的天下,外省的宽轨火车不能进他的地盘。用窄轨而不用宽轨,除了别的用意,也为了省钱。他常对手下人说:"算盘底下有大洋,张作霖十元当一元花,段祺瑞能一元当两元花,我要一元当十元花。"

当然,对于史迪威来山西任筑路总工程师,阎锡山也感到脸上有光。因为他知道史迪威是欧洲大战中得过美国勋章的英雄,对他怀有敬慕之情。所以史迪威一到太原,给他接风洗尘的欢迎宴会不仅菜肴丰盛,而且气氛特别热烈。

史迪威还是老习惯,不过问职责外的事情,只是精心组织、指挥计划的实施。他每天骑马或步行,沿公路线察看地形,实地检验并修订公路设计和施工计划。他不辞劳苦,一丝不苟,该查实的,不管道路多么崎岖,也必定查实;该修订的也决不允许敷衍马虎。十几位各司其职的工程师,都仰慕他的学识、经历和威望,同他合作得不错,整个工作进行得很顺利。

8 月 1 日筑路工程圆满完成,史迪威回到北平。使馆的同事们对他在军阀混战中完成了一项建设事业给予高度评价。在驻京记者群里,他的冒险业绩,被传扬得带了不少传奇色彩。

1922 年至 1923 年 6 月,史迪威作为美国驻华武官视察和游历了东北、浙江、江西、湖南和外蒙古、西伯利亚、朝鲜、日本。

1923 年 7 月,史迪威担任语言军官的 4 年任期已满,陆军部要他回美国本宁堡步校进修战术课程。家居北京的三年,使史迪威和他的家人对这座文明古都和热情好客的北京人产生了深厚的感情。7 月 9 日,他们登上了离华赴美的轮船,史迪威望着这块广袤的大陆百感丛生。

同年 7 月,史迪威进了美国南部佐治亚州的陆军本宁堡步兵学校。到这个学校进修步兵课程,是史迪威自己提出的要求。

这个步校每期接纳 250 名陆军军官,分别在普通班和高级班学习。校长布赖恩特·韦尔斯将军,在第一次世界大战时曾任欧洲远征军第四军参谋长,是史迪威的老上司。他非常赏识史迪威的军事才干、刚直的性格和高度的责任心。

史迪威在步校高级班学习一年毕业后,便担任了辅助校长工作的助理执行官。

1925 年,史迪威又以优秀毕业生资格,转到堪萨斯州利文沃思堡的指挥和参谋学院继续深造。按陆军部的规定,只有在这个学校毕业的军官,才有可能升任高级指挥官。

利文沃思军校教授的主要课程,是指挥官接受作战任务后的职责。包括:对任务的说明,对敌情的分析,战术选择,制定方案,实施计划及其讲解、制图,进行野外演习,等等。此外,还有战时动员、部队调动、行军、救援、供应、侦察、防卫措施、阻滞作战、撤退、改变方向、追击等等。

　　法国参谋学院在西方军界名声最显赫。第一次世界大战
之前,史迪威就向往去那里学习,在利文沃思军校学习期间,
他又为此提出了申请。然而申请获准之后,他得知有重返中
国的机会,便毅然改变初衷而积极活动到中国去。尽管这次
不是去北平公使馆任武官,而是去驻天津的第十五步兵团任
营长,他也十分高兴。妻子威妮和孩子们更是喜出望外,好像
中国是他们的故乡。

　　1926 年 9 月,史迪威第三次来到中国,出任美军驻天津
步兵第十五团营长。翌年 5 月,又受美国驻华公使馆派遣,到
徐州、南京、上海等地考察军情。

　　1928 年 1 月,史迪威代理驻天津的美军第十五步兵团参
谋长,5 月晋升为中校。

　　1929 年 4 月,史迪威一家要起程归国了,他将回到美国
任本宁堡步兵学校战术系主任。史迪威到校时,学校正开始
大兴土木,修建士兵营房、运动场、游泳池和戏院。

　　在史迪威领导的战术系里,教员中有比他小十岁的奥马
尔·布莱德雷,专教高年级军官的"营进攻"。布莱德雷后来
在第二次世界大战中成了欧洲战场的名将。进修学员中有驻
天津第十五步兵团的上尉马修·李奇微。副校长马歇尔和史

迪威进行教学改革的中心,是教军官们继承潘兴将军的办法,战斗中发布简洁明了的命令,只按情况说明要达到的目标,不必详细交代每一个步骤和细节。因为战场情况瞬息万变,敌人不会等待你,连营两级军官必须当机立断拿出办法。

在教学中,史迪威对于部队的机动性、突击和袭入相结合的作战思想,作了极为深刻的研究。但他在《步兵日报》上发表文章,仍然主张"不要假设任何情况,而是要把事情弄明白","战术的发展只能基于实际,不能立足于空洞的推论"。就是本着这种信念,他常以公断人的姿态,直言不讳地对一些事情提出批评。

马歇尔有了史迪威这个助手,使全校的教学、训练显得生机勃勃。有时组织颇具声势的行军,还伴随和加进假想战斗、骑马冲锋、"大炮"轰击等实战行动。假日还组织"百人队"穿越佐治亚州的草地、松林。总之,他们把增强学员的机敏、灵活和主动精神的训练,搞得有声有色。

在教学中,史迪威的急躁性子,正像他在西点军校教语言时一样,遇到听讲不用心,或是行为放肆、愚蠢的人,他的火暴脾气就会发作。

有一次他督导野外演习,有个军官听讲时走神,在演习的紧要关头,做出了与教官要求完全相反的行动,史迪威立即大发雷霆,非常严厉地批评了这位学员,叫人无地自容。回到营房,一位学员画了一张史迪威的漫画,画着他紧绷着的苦脸,从一个醋瓶子里钻出来,瓶子的商标处画着三个 X 字母,说明酸度又浓又烈。漫画用图钉钉在布告板上,引来许多人观看,并称赞画得好。史迪威看了也觉得好笑,他征得同意,把这幅画保留下来,后来还拍了照片送给朋友们。就这样,"醋性子乔"这个绰号就传开了,成了他的特有标志。

1933 年 5 月,年过 50 岁的史迪威,在本宁堡步兵学校的任期结束了。在本宁堡工作的最后一年,史迪威心绪烦乱,50 岁了仍是个中校,使他无意再进陆军军事学院进修高级参谋课程。

史迪威在圣迭戈期间,主要是向后备队传授实战演习原则。参加训练的人热情不高,好在两个星期结业,又有他这位有名的专家任教,人们都是满意而归。1934 年,他 51 岁了,还不能晋升上校军阶,他觉得他的军事生涯已无前程了。

正当他灰心丧气的时候,1935 年 1 月,史迪威接到了国务卿科德尔·赫尔对他的任命,前往北平任美国驻华使馆武官。

1935 年 6 月,52 岁的史迪威晋升为上校。他和威妮带着孩子们乘船高高兴兴地前往中国的北平。

1935 年 7 月 7 日,史迪威上校到达北平。不管中国局势如何,他一到这里就感到安稳、幽静,似乎身处世界上最优美、最大度的地方。15 年前他到这里的第一印象立刻又浮现在脑海里。

此时,日本军人在大街上横行霸道,用枪托子驱赶路边的中国人,向其傀儡行政长官发号施令,并在平津一带举行军事演习进行恫吓。

1936 年,史迪威又先后考察了广州、桂林、梧州、南京、汉口、徐州、开封、洛阳等地的对日抗战准备情况。

1937 年 7 月 7 日,中国抗日战争爆发,史迪威立即组织了情报小组,密切注意战局变化和日军动向,他为了便于让全世界及时了解日军侵略关内的真相,把武官处发往美国军事情报部的报告,放在自己的办公桌上,供记者翻阅。

1938 年,史迪威又在兰州、台儿庄、长沙、重庆等地考察战况:他和中国部队的几个师保持着联系,和指挥官们研究战局发展,在混乱中弄清真实情况。

1939 年 1 月,史迪威在给陆军情报部的报告中认为,美日之间爆发战争势不可免。

史迪威在日本占领下的北平生活,十分烦恼,他很少离开自己的宅院。然而,使史迪威精神上真正受折磨的是美国政府在日本侵略面前的消极被动态度。

例如,美国仍在向日本出售废铁,他所希望的那种行动协调一致的军事抵抗始终没有出现。

1939 年 5 月,又一个美好的春天,史迪威离开他最钟爱的中国古都北平。依依惜别之情,在他心底深处掀起层层涟漪。经过长达 4 个月的海上漂泊,终于回到了美国。从战火纷飞的中国大陆踏上离别四年的美国土地,史迪威似乎到了另一个世界。这时的美国正沉醉在罗斯福"新政"所带来的经济繁荣之中,人们对欧亚两大洲日迫一日的战争威胁表现出近于茫然无知的冷漠。

此时,史迪威又得到了晋升,从上校升为准将。但是,晋升军衔的喜悦,并没有能冲淡史迪威心中的忧虑和怨恨。就在他踏上美国土地的时候,德国于 9 月 1 日出动 57 个师、2500 多辆坦克和 2300 多架飞机,对波兰发动了闪电般的突然袭击。德国的战争行动震撼了整个世界。

然而更使他感到愤愤不平的,是英美等西方国家在法西斯强盗咄咄逼人的侵略气焰面前,竟表现得那么麻木,那么软弱,那么无所作为。由于孤立主义思潮的盛行,使美国军方关于扩充编制、更新装备的要求很难得到国会的批准。作为一名有强烈爱国心和责任感的美国军人,史迪威对这种在战云密布的情况下,仍然不重视充实美国国防力量的褊狭之见,心中充满了怨恨。

史迪威怀着十分复杂、矛盾的心情,接到了对他的新的任命——出任驻扎在得克萨斯州萨姆豪斯顿堡的步兵第二师第三旅旅长。

9 月 24 日,史迪威来到得克萨斯正式走马上任。

第二年的 5 月间,美军举行了有史以来最大规模的军事演习,第二师所在的第三集团军 7 万多人承担了这次演习任务。这次演习是对实行三三制编制改革后美军机动作战能力的首次全面检验,也是模仿德军初期作战的闪电战方式组织的一次对抗演习。美军所有的高级军官都到场观摩了这次演习。

演习部队分为"红军"和"蓝军"。史迪威扮演了与在第二师演习中相同的角色,担任发动侵略的"红军"司令。其麾下约有 3 万兵马,准备从得克萨斯州向东,入侵"蓝军"所在的路易斯安那州。"蓝军"有 4 万多,在数量上占有优势。史迪威率领"红军",利用夜晚发动突然进攻,至凌晨 3 时突破了

"蓝军"国界萨宾河。随后"红军"一面占领若干要点,打退"蓝军"的反击;一面以大范围、长距离的突袭行动,向"蓝军"后方发起了闪电攻势。

到夜幕散去,天空放明,"红军"前锋部队已突入"蓝军"腹地达 110 多公里,形成了对"蓝军"的分割包围,并直指"蓝军"的首都亚历山德里亚。在以后的战斗进程中,"红军"灵活地变换战术,频频对"蓝军"发动突然攻击,牢牢地掌握了战场主动权。

演习结束后,讲评教官公正地裁定"红军"获胜。担任

"红军"司令的史迪威,因此次演习的出色指挥而在美军中名声大震,从而跻身于美国陆军名将的前列。此后不久,任第三旅旅长不到一年的史迪威,在 1940 年 7 月 1 日被提升为第七师师长,并兼任该师所在地加利福尼亚州蒙特雷市奥德兵营司令。

1940 年 9 月,史迪威从准将晋升为少将。消息传来,全师官兵都为之感到喜悦。第二年 6 月,他又出任第三军军长。

1941 年 12 月,日本偷袭珍珠港,使美国的太平洋舰队遭受重创。12 月 22 日,史迪威接到陆军总部打来的电话,要他奉调赴华盛顿,为准备出动的美国远征军部队制定作战计划,并准备出任美国远征军司令。

史迪威心里为之一震,这样他终于有机会来显示他那灵活多变的进攻战术了。他始终相信,只有进攻才能显示出军人的英勇机智和高超的指挥艺术。这一段时间紧张忙乱的防御部署,实在让人厌烦透了。他匆匆地移交了手里的工作,告别了家人,于 23 日上午带着副官多恩登上了飞往华盛顿的飞机。

1942 年 1 月,盟军中国战区正式成立,史迪威于 3 月受命来华,出任中国战区参谋长兼中缅印战区美军司令。上任伊始,他便奔赴缅甸指挥中国远征军作战,以保卫中国当时仅存的国际交通线——滇缅公路,不料却惨遭失败。

此后,他领导开辟了"驼峰航线",尽力扩大对华援助;建立了印度兰姆加尔和云南昆明两个训练中心,用以整训和装备中国军队。

1943 年 12 月,史迪威率领中国驻印军向缅甸发动反攻,给号称"丛林作战之王"的日军第十八师团以歼灭性的打击,于翌年 8 月胜利攻占密支那。同时,他还积极推动中国远征军向滇西反攻,以便与驻印军在缅北会师,打通中印公路。

◉ 暮年生活

1944 年 8 月,史迪威被晋升为四星上将。

10 月,罗斯福总统通知史迪威回美国。10 月 21 日午后,史迪威乘坐的飞机离开重庆。在飞赴印度的途中,他在昆明、保山、密支那、兰姆加尔稍事停留,看望了那些一起战斗过的部队和军官们,看了看留下了他的足迹的山岭、密林、道路、河流。

10 月 27 日,史迪威离开了中缅印战区最西端的卡拉奇。

而此时的美国,正是总统大选进入最激烈角逐的时候。民主党候选人、现任总统罗斯福和共和党候选人杜威为了击败对手,一面大肆渲染自己的宏伟蓝图,一面寻找对方的弱点展开攻击。

民主党由于罗斯福推行多年的新政和在战争中的杰出表现明显占有上风,而共和党也不示弱,杜威用耸人听闻的方式宣称:共党人已经控制了新政。

恰在此时,被罗斯福下令召回的史迪威,已经从 印度起飞,就要回到国内。史迪威由于在缅北特别是 在密支那的杰出战绩,被美国人看成是了不起的英雄。这样一位英雄不明不白地被解职,无疑是很难对公众作出交代的。

因此,这一消息在美国国内仍然密而不宣。为了避免麻烦,政府决定对史迪威采取"保护"措施。

但是,事实是封锁不住的。面对着强烈的舆论反应,罗斯福不得不就此召开了记者招待会,而史迪威待在家里,一直保持着沉默。

风波渐渐平息之后,史迪威回到华盛顿。

1945 年 1 月 23 日,他被任命为美国陆军地面部队司令,职责是负责国内部队的训练工作。

两天以后,从中国传来消息,他曾经付出巨大艰辛的中印公路于 1 月 25 日正式通车。从印度利多开出的第一批 105 辆卡车,满载着武器、弹药、油料,拖曳着重炮、山炮、高射炮,轰轰地开进中国云南。并把这条公路命名为"史迪威公路"。

广播电台的陆军节目邀请史迪威为此发表讲话。他对着话筒,就像面对着曾在丛林里作战和筑路的士兵与劳工们,他称赞了他们的伟大贡献,向他们致敬。但他没提自己,好像他根本就没去过那里似的。2 月 10 日,美国政府为表彰史迪威的功绩,授予他一枚荣誉军团勋章和一枚优秀橡叶勋章。

战争仍在激烈地进行。1945 年 1 月,太平洋西南战区

的美军部队,在麦克阿瑟将军的指挥下进攻吕宋岛,随即向马尼拉进军。

2月,海军上将尼米兹率领的太平洋中部战区部队在琉黄岛登陆。史迪威密切注视着战场形势的变化,仍盼望着有一天能指挥美国军队对日作战。

4月,美军对太平洋上的指挥系统作了调整,麦克阿瑟任太平洋美国陆军总司令,尼米兹统率太平洋地区的所有海军舰队。同月,罗斯福逝世,副总统杜鲁门继任。

5月,马歇尔安排史迪威到麦克阿瑟的太平洋前线视察,顺便也看看那里有没有合适的指挥位置。

史迪威和麦克阿瑟是仅差一届的西点军校同学,彼此非常熟悉。麦克阿瑟很热情地接待了他,向他介绍了前线情况,并为他安排了视察活动。美军在太平洋上正迅速推进,菲律宾的战斗已基本结束,琉黄岛也已占领,冲绳岛和塞班岛上的战斗正激烈地进行。

6月18日,史迪威准备回国,麦克阿瑟又与他亲切交谈。他问史迪威是否愿意担任他的参谋长,史迪威摇了摇头,对他说:"我认为我适合当一名前线司令官。"麦克阿瑟又问他,作为一名四星上将是否可以担任集团军司令。史迪威答道:"只要让我带兵打仗,哪怕指挥一个师也行。"可是,当时确实没有位置可以安排。

第二天,史迪威只好离开前线回国。当他抵达夏威夷的火奴鲁鲁时,突然接到麦克阿瑟的电报:"立即返回关岛,指挥第十集团军。"原来,该集团军司令巴克纳将军在冲绳指挥作战时,不幸被弹片击中身亡,史迪威侥幸得到一个指挥位置。

6月23日,史迪威正式就任第十集团军司令。

但在同一天,美军已基本占领了冲绳岛。以后的战争进程更是急转直下,史迪威终于还是没能指挥美军部队进行一次大规模的战役。

8月6日和9日,美国先后在日本广岛和长崎投下了原子弹。

8月8日,苏联远东方面军向日本关东军发动大规模进攻。8月15日,日本宣布无条件投降。

9月2日,史迪威出席了在东京湾"密苏里"号战列舰上举行的日军投降签字仪式。7日,他又亲自主持了琉球群岛日军的受降仪式。

10月18日,史迪威回到美国,他带回去的第十集团军被解散,给他安排的新职务是军需装备委员会主席。他对这个工作一点儿也没兴趣。

1946年1月,史迪威被任命为第六集团军司令,兼管西部防御司令部的工作。他离开华盛顿,回到西海岸,到旧金山的普勒西迪奥就职。那里离他在卡梅尔的家,只有几小时的路程。他想,再有一年就到64岁的退休年龄了,那时就可以摆脱一切,过些轻松的日子了。

夏天,他的身体渐渐出现不适,头晕目眩,体力不支。1946年9月28日,一贯坚强地与各种困难斗争的史迪威,终于被病魔击倒,住进了旧金山的莱德曼陆军医院。

10月3日,医院里最好的外科医生给他作了手术检查,发现胃部的癌变已到晚期,并且已扩散到了肝部。显然,他的病已经很久了。

史迪威已到了弥留之际,他提出希望得到一枚战斗步兵纪念章。这是一种极普通的奖章,凡在第一线战斗过的士兵都可以获得。

史迪威作为战斗一生的四星上将,已获得了很高的荣誉,包括一枚荣誉军团勋章,一枚优秀服役十字勋章,两枚优秀服役勋章,但他渴望得到作为一名火线战士的荣誉。

10月11日,陆军部满足了这位老战士的最后希望。

第二天,即1946年10月12日,史迪威将军在昏迷中与世长辞,走完了63年的人生路程。